PREPARACIÓN

MUY BARATA PERO VALIOSA

Cosas Baratas Que Puedes Acumular
Ahora Que Serán Increíblemente
Valiosas Cuando SHTF

Por Cal Wilson

Preparación Muy Barata Pero Valiosa: Cosas Baratas Que Puedes Acumular Ahora Que Serán Increíblemente Valiosas Cuando SHTF

ISBN-13: 978-1546340492
ISBN-10: 1546340491

Nota del Traductor

La siguiente publicación fue escrita y adaptada para los Estados Unidos de América; por lo tanto, gran parte de las tiendas, cadenas, y sitios web son norteamericanos. Es importante destacar que, aunque algunos de ellos no estén disponibles para los preppers que se encuentren fuera de Norteamérica, los artículos que se mencionan pueden ser adquiridos en diferentes países, comercializados por diferentes marcas.

La moneda utilizada a lo largo del libro es el dólar estadounidense. Se mantienen los nombres y términos originales de artículos y páginas web para ayudar en su búsqueda a los preppers que no se encuentren en los Estados Unidos de América, por ejemplo, los nombres de productos disponibles en Amazon o eBay.

Índice

Introducción   1

Sal   7

Condimentos   9

Agua   12

Crema Para el Pie de Atleta y Tiña Inguinal   16

¿Dónde Conseguir las Cosas?   18

Adicciones   20

Contenedores   22

Tierra de la Chatarra   27

Basura   34

Cobijas, Abrigos, y Bolsas de Dormir Usadas   37

Implementos de Costura   39

Caramelos Duros   40

Linternas, Baterías Recargables, Cargadores   41

Vehículos Curiosos   46

Motocicletas   50

Paracord   52

Formas de Protección   54

Hornos holandeses   59

Abejas Melíferas   62

Antibióticos para Peces   67

Juegos de Mesa y Entretenimiento   69

Insumos Femeninos   71

Pimienta Cayena   73

Recetas de Electrolitos   75

Cloro/Cloro de Choque   79

Reemplazos para el Retrete   82

Jabón y Champú   86

Cenizas de Chimenea   87

Visión Nocturna   89

Cosas Que Se Regeneran   91

Epílogo   95

Introducción

Existen muchos libros de "listas" prepper. También existen algunos libros de ficción prepper excelentes que te enseñan qué cosas debes almacenar a través de ejemplos ficticios. Este no es ninguno de esos tipos de libros. Este libro asume que *no* podrás almacenar todo lo que necesites en el peor escenario, y sugiere ciertos insumos que puedes almacenar para intercambiarlos por otras cosas cuando sea necesario. Dicho de otra forma, cuando se trata de almacenar todos y cada uno de los suministros que necesitas en una situación de SHTF total, aunque lo intentes, no cuentes con tener todo listo cuando lo necesites. Así que recolecta lo que puedas, y haz trueques por lo demás.

¿Y qué deberíamos acumular los preppers? Sencillamente, las cosas que son más baratas ahora y serán las más buscadas después. Si puedes adelantarte a los hechos y predecir qué será extremadamente valioso en el futuro, ¿por qué no comprar lo que es más barato en la actualidad?

Piensa en la sal, por ejemplo. Como describo más adelante en este libro, la sal es tan barata que, hasta donde sé, ¡es la única cosa que cuesta menos de 1 dólar americano en las tiendas de dólar! Pagas alrededor de 54 centavos de dólar americano por un contenedor de sal en tu tienda de dólar local, y básicamente estás pagando por el empaquetamiento y transporte. La sal en sí no cuesta casi nada.

Sin embargo, la sal tendrá muchos usos en un escenario de SHTF. Puedes usar sal para limpiar, almacenar carne, preservar comida, matar hiedra y roble venenoso, condimentar tu comida; ¡incluso puedes usar sal para hacer pasta de dientes casera!

¿Y qué me dices de las medicinas para el pie de atleta y la tiña inguinal? Dos medicamentos que curan infecciones micóticas muy dolorosas en diferentes partes del cuerpo. ¿Has pensado cómo serían las cosas durante un verdadero colapso de la sociedad? Miles o incluso millones de personas pasarán meses sin bañarse. El pie de atleta y la tiña inguinal se saldrán de control. Muchas personas estarán inmensamente adoloridas, incluso sin poder caminar.

Pero actualmente, los medicamentos para tratar el pie de atleta y la tiña inguinal se venden en el pasillo de ofertas de Walmart a sólo 88 centavos de dólar. Sería una gran idea almacenar estos medicamentos. Para alguien que sufre de estas enfermedades, ¡la persona que posea estas medicinas prácticamente puede ponerles su propio precio!

Discutiré estos y otros productos en este libro, con sugerencias para almacenarlos. ¿Por qué no acumular productos que son prácticamente gratuitos? Pero también explicaré por qué estos productos serán importantes en una situación de desastre o de SHTF.

También incluiré algunos testimonios que refuerzan la importancia de los artículos que sugiero recolectar. Honestamente, es bueno escuchar de personas cuyas vidas fueron salvadas por tener alguna de estas cosas a la mano. Te hace sentir diferente sobre los productos y su importancia.

Tal vez notes una gran diferencia en el enfoque que le doy al prepping en este libro. Muchas personas han visto el show televisivo Supervivencialismo: Preppers (*Doomsday Preppers* en inglés), y se han reído de las personas presentadas en esta serie porque basan su preparación en un desastre específico, y muchas veces son poco realistas y ridículos. Algunas personas en la serie esperan que los polos norte y sur se reviertan, mientras que otros piensan que habrá un grave terremoto en la región central de Estados Unidos. Algunos de los protagonistas de la serie esperaban eventos más realistas, como un ataque terrorista o un colapso financiero mundial. Y otra familia se planificaba para una pandemia global, y nunca sabes cuál familia reirá de último.

Primero que nada, los desastres para los cuales recomiendo que te prepares deberían ser serios, no desastres tontos. Pero más importantemente, los verdaderos preppers saben que prepararse sólo para un desastre en específico es una mala idea. Como una persona que come demasiado en un restaurante, que le regresa el menú al mesonero y dice "Okay", un verdadero prepper se prepara para todo. No debemos ser quisquillosos. Nada es imposible. Como preppers, debemos prepararnos para un colapso financiero mundial, un terremoto en nuestra zona, una pandemia, una guerra civil, lo que sea. No existe ninguna razón por la cual debamos prepararnos sólo para un desastre en específico.

La única línea que trazo es que lo más probable es que no suceda más de un desastre simultáneamente. Seguro, supongo que una crisis financiera mundial pudiera suceder al mismo tiempo que se extiende una pandemia, pero es más plausible que solo suceda una de estas cosas. Pero, ¿por qué no planificar para múltiples desastres simultáneos? ¿Qué tiene de malo? Tal vez tengas suministros que no necesites, ¿a quién le importa?

A lo largo de este libro, asumiremos que el lector no se planifica para un desastre en específico. Sugeriremos planes para todo. ¡Un verdadero enfoque múltiple hacia el prepping!

Otra cosa: aunque no es necesariamente un artículo de trueque, uno de los primeros capítulos de este libro tratará sobre el agua, porque suele ser el eslabón más débil en las preparaciones de la gente. Sencillamente, ¡nada importa si no te encargas del agua! ¡*Nada*! Puedes tener almacenes de comida, medicamentos, armas y municiones, viviendas aisladas, y todo lo demás, pero si no has asegurado tu provisión de agua, pronto estarás en problemas.

El resto del libro está organizado en grados de lo que yo llamo *delta*. Un delta, en el contexto de este libro, es la diferencia entre el costo que tiene un artículo ahora, y su valor en medio de un desastre o colapso social. Mientras más alto sea el delta, mencionaré el artículo más temprano a lo largo del libro. Por ejemplo, la sal, siendo casi gratuita actualmente, y muy valiosa tras un colapso, representa el primer capítulo.

En el otro extreme del delta, se encuentran lo que llamo "cosas que se regeneran", y por eso se ubican al final del libro. Por ejemplo, un corral de pollos o un sistema acuapónico son bastante costosos hoy en día; de hecho, requieren bastante trabajo, pero serán importantes en una situación de SHTF. Por esto, las cosas que se regeneran estarán al final del libro.

Mantengamos presentes las prioridades del prepping en general. Agua, comida, refugio, protección, medicamentos, comunicación, iluminación son las necesidades más importantes en el prepping. Al almacenar artículos que cubren estas necesidades, deberías priorizar los productos que son más baratos ahora pero serán más valiosos en una situación de SHTF.

Adicionalmente: los preppers tienen algunas reglas básicas, que repetiré ahora, pero incluiré una salvedad que nadie más incluye. Me refiero a las "Reglas de Tres" que son mencionadas en casi todos los libros y programas televisivos prepper. Aquí vamos:

Toma tres minutes morir sin aire,
Toma tres horas morir sin refugio (asumiendo que el clima sea horrible).
Toma tres días morir sin agua (pero sólo dos días sin agua para que azote la estupidez).
Toma tres semanas morir sin comida (pero sólo una semana sin comida para que azote la estupidez).
Toma tres meses morir sin esperanza (intentaré no entrar en debates políticos)
Y ya que hablamos del número tres, es una buena idea tener al menos tres formas de prevenir déficits de cualquiera de estos productos básicos. (Algo así como tener un plan B y un plan C).

La salvedad que añado aquí es la moral que es sumamente importante, y cambia las reglas básicas. Verás, puedes sobrevivir fácilmente después de pasar dos días sin agua, pero pierdes el ánimo y comienzas a cometer errores y, en general, a ser estúpido. Entonces, aunque tal vez puedas sobrevivir, te equivocas y tal vez no sobrevivas por razones diferentes a la falta de agua.

Esa fue la lección que aprendí en medio de una emergencia hace un par de veranos, cuando mi familia tuvo que evacuar nuestro vecindario tras un incendio. Recordé las "Reglas de Tres" y actuamos en consecuencia. Pero sucedió algo curioso: mi moral se desplomó y comencé a hacer cosas estúpidas. Si no hubiésemos podido regresar a casa, ¿quién sabe cuánto tiempo hubiese sobrevivido en esta emergencia? Probablemente menos de tres días sin agua y tres semanas sin comida.

Así que ten en cuenta las Reglas de Tres, pero también ten un "factor extra" respecto al ánimo y la moral.

Notarás que *no* he incluido armas de fuego o municiones por una buena razón. En una sociedad post-colapso, tal vez no conozcas bien a las personas con quienes intercambies artículos, y puedes correr el riesgo de que usen estos artefactos en tu contra para robar el resto de tus cosas. De este modo, recomiendo no intercambiar armas y municiones.

Por último: muchos preppers se toman el asunto con tristeza, como si debes estar abatido para pensar en prepararte y almacenar lo que necesitas. Yo, en cambio, pienso en el prepping con buen humor y felicidad. Piénsalo, los preppers conocemos un secreto que otras personas desconocen. Bueno, otras personas excepto el gobierno federal, que representa al mayor prepper del mundo. Pero ese es otro tema.

Pero realmente, los preppers tenemos una forma de pensar, casi una visión, de lo malas que estarán las cosas algún día, y tenemos la motivación para hacer algo al respecto desde hoy. Antes de que todo se desplome.

Las personas normales siguen con sus vidas, pensando que la estabilidad siempre se mantendrá, y la sociedad nunca colapsará. Las luces siempre se encenderán, y el agua siempre fluirá. Cuando, eventualmente, suceda lo peor, ¡estarán tan sorprendidos! Los preppers tenemos la ventaja, ¡y debemos alegrarnos!

Así que no te sorprendas al darte cuenta de que este libro tiene un tono diferente. Honestamente, tenemos un trabajo que hacer; almacenar artículos baratos que serán valiosos cuando las cosas se desmoronen, ¡y deberíamos ser felices mientras lo hacemos! Es la forma inteligente de hacerlo, ¡y es una aventura!

Soy feliz mientras me preparo, y tú también deberías serlo. Así que, como dicen en casi todos los videos de YouTube, "¡Vamos a comenzar!"

Sal

Es una antigua broma familiar, y los niños se están uniendo. Cada vez que vamos a la tienda de dólar, le pregunto a alguien "¿Cuánto cuesta ese artículo?" mientras señalo algo.

"Un dólar," me responden.

"¿Y aquel artículo?" y señalo a otra cosa.

"Un dólar."

Cuando nos dirigimos a la caja, me ofrezco amablemente a chequear el precio de cualquier producto cuyo precio sea desconocido. Nuestros hijos ponen los ojos en blanco, mientras que el cajero luce confundido.

Cada cierto tiempo, cojo a alguien desprevenido. "¿Cuánto cuesta ese contenedor de sal?" pregunto.

"Un dólar," dice alguien.

"De hecho, si miras con detenimiento, verás que sólo cuesta 54 centavos," digo. Y es cierto: en nuestra tienda de dólar habitual, los contenedores de sal cuestan sólo 54 centavos – ¡el producto más barato de la tienda!

"Te atrapé…" anuncio cómicamente.

Todas las tiendas venden sus productos por un precio mayor del que pagaron por él. Ese es el capitalismo. Así que cuando algo en la tienda de dólar cuesta menos de un dólar, sabes que el producto en cuestión es extremadamente barato. Cuando compras sal, pagas el envasado y transporte. La sal como tal es prácticamente gratuita.

¡Pero la sal tiene tantos usos! Para quienes han comido mucha comida almacenada como Mountain House o raciones militares listas para comer (MREs), los cuales te recomiendo acostumbrarte a comer, la sal puede añadir algo de sazón a una comida insípida. Incluso los vegetales hervidos saben mejor, o al menos saben a algo, con una pizca de sal. Hasta para el guiso o sopa más básica, la sal añade un excelente sabor.

Cualquier persona que ha matado y limpiado un animal para comerlo después, sabe que la sal se usa para preservar la carne. La sal previene que la carne se descomponga con tanta rapidez. La sal también puede ser usada en una receta de Gatorade casero, el cual es muy importante y describo más adelante en el libro.

La sal también puede ser usada para limpiar. Sal mezclada con dos partes de bicarbonato de sodio (otro producto baratísimo) forman una crema de dientes excelente.

Agua tibia con sal hacen un enjuague bucal genial. De hecho, mezclar agua y sal ha sido costumbre durante muchos años para las personas que desean aliviar una garganta adolorida.

En caso de presentar congestión nasal, la sal puede usarse para hacer un spray nasal salino. Hierve una taza de agua, deja que se enfríe, y añade media cucharadita de sal sin yodo, y media cucharadita de bicarbonato de sodio.

La sal también sirve para alejar a las hormigas. Sólo esparce algo de sal alrededor del límite de una habitación.

Puedes usar sal para preparar un herbicida casero. Si mezclas sal con jabón y agua, puedes usar la mezcla para fumigar plantas y eliminarlas. Así te puedes deshacer de plantas no deseadas o peligrosas, como la hiedra o el cedro venenoso. En un ambiente en que los medicamentos y cremas tópicas escasearán, eliminar plantas dañinas preventivamente pudiera ser muy importante.

Condimentos

Si eres como la mayoría de los preppers, tienes una variedad de comida enlatada, raciones militares, y tal vez otros alimentos deshidratados almacenados. Y deberías tenerlos. Si estos alimentos son lo suficientemente buenos para ser acumulados por el gobierno federal, entonces, ¡también son lo suficientemente buenos para los preppers!

Pero, ¿alguna vez has probado la comida que estamos recolectando? ¡Es bastante insípida! La comida de hospital es picante en comparación.

La sal usualmente harán que la comida insípida sepa mejor, y otros condimentos como la sal de ajo, pimienta cayena, y los aderezos tipo Cajún y curry hacen una gran diferencia en la comida que acumulamos. Muchos de estos condimentos se venden en las tiendas de dólar locales y harán un mundo de diferencia cuando lo único que podamos comer sea comida almacenada. Y como no contienen líquidos, pueden durar décadas si se guardan en un lugar oscuro y fresco. Así que debes acumular tantos condimentos como sea posible. Tener comida con suficiente sazón puede ser la diferencia en que la comida sea ingerida o no.

Los militares se están dando cuenta, y están intentando que las raciones militares o MREs no sean rechazadas. Las raciones actuales incluso contienen una botella miniatura adorable de salsa Tabasco. Sí, leíste bien: ¡es adorable! Demándame por ser poco masculino.

Escucha lo que un antiguo Marino tuvo que decir sobre las raciones militares insípidas. Él conoce bien el tema:

> Cal, en tu libro prepper, espero que puedas enfatizar
> el enorme beneficio que pueden brindar algunas
> especias y condimentos sencillos a las raciones

militares. A lo largo de mis años en el cuerpo de Marinos, perdí la cuenta de cuántas raciones individuales y grupales comí. Sé que los campistas y preppers a veces hacen una ración y se sorprenden de lo buenas que son. Tal vez una ración militar sea buena cuando te ilusiona la comida, como la lasaña, y tienes tiempo disponible para combinar y calentar todos los ingredientes, y es sólo una parte minúscula de una dieta sana.

Sin embargo, cuando constituyen la mayor parte de tu dieta, o no tienes tiempo para prepararla completamente, incluso las raciones pierden su atractivo rápidamente.

Déjame contarte sobre una comida que tuve en Afganistán. Apenas había dormido en varios días cuando mi equipo desmontó una base de Marinos. Después de que nuestro convoy llegó a la base destino, tuve que permanecer de guardia durante la noche, vigilando camiones y herramientas mientras la mayoría del equipo dormía. Recuerdo que descubrí que mi comida sería un "omelet" nauseabundo, y sólo comí un producto que tal vez contenía unas cien calorías, y deseché el resto. He visto la misma situación repetirse muchas veces durante el entrenamiento o las misiones; las tropas desechan comida desagradable. Después se cansan, se irritan, y pierden su poder mental. Incluso he visto a un comandante exhausto vomitar por falta de sustento.

Las raciones incomestibles o insípidas son un problema significativo en los escenarios de combate o desastre para los que se planifican los preppers. De hecho, el ejército está invirtiendo significativamente para hacer las comidas más agradables y portátiles. Tal vez un día las raciones sean tan deliciosas como nutritivas, pero mientras tanto, animo a todos los preppers a almacenar condimentos. En una misión, los artículos más valiosos son salsas picantes, aderezos, productos para untar sándwiches, y condimentos similares. En mi opinión, los preppers deberían recolectar la mayor variedad de especias y condimentos posible para hacer que las comidas envasadas sean más tolerables.

--Capt. Patrick Timmons, USMC 2009 – 2014

Agua

Exceptuando el aire, el agua es el ingrediente más crítico de la supervivencia. El agua es casi siempre la debilidad de un prepper. a menos que tengas la bendición de vivir en una zona que posee una corriente o pozo de agua, obtener, filtrar, y almacenar agua será tu preocupación principal para mantenerte vivo. Deberías tomarte el asunto muy en serio.

Esto puede parecer fuera de lugar en un libro sobre preparación barata, pero déjame decir esto: no seas tacaño con el agua y sus preparaciones relacionadas. Obtener agua, filtrarla y almacenarla es extremadamente importante para la supervivencia.

Primeramnete, si hay un colapso debidamente anunciado o sucede algo, y tienes algunos minutos para prepararte, sería una idea genial conectar un sistema "waterBOB" a tu bañera y llenarla de agua. Este artículo cuesta $25 en Amazon, es compatible con cualquier bañera, almacena hasta 100 galones de agua, y el agua será más limpia que el agua con la que acabas de llenar tu bañera. Mantendrá el agua fresca durante 12 semanas. Estos artefactos también contienen un pequeño sifón para dispersar el agua a jarras y envases.

También me ha impresionado el "Water Brick," un contenedor con capacidad de 3.5 galones de agua potable. Cuestan aproximadamente $30, y dado que sólo almacenan 3.5 galones, la mayoría de las personas pueden cargarlos cuando están llenos. Y el asa conectada al Water Brick también es muy sólida y cómoda de cargar. Están hechos de plástico muy resistente y seguro para la comida, así que puedes comprar y apilar muchos de estos productos.

Otro artículo que puedes utilizar para almacenar agua, que también discutiré en el capítulo sobre basura, es el contenedor de agua con capacidad de un galón vendido por Crystal Geyser. Son jarras de plástico transparente que tienen un asa adherida a su parte superior. Tienen tapa de rosca, así que pueden ser reutilizados muchas veces. Y el plástico luce lo suficientemente sólido como para ser duradero. Crystal Geyser probablemente no sea la única marca que los produce, así que mantente en búsqueda de jarras de agua de un galón hechos de plástico sólido con tapa de rosca.

Los Water Bricks y estos contenedores de un galón son útiles sin estás lejos de casa y cerca de una fuente de agua. Si puedes encontrar una fuente de agua como un arroyo o un manantial, puedes llenar estos contenedores. Pero antes de tomarla, recuerda filtrarla, hervirla, o tratarla con cloro para matar los patógenos y bacteria que vienen en el agua.

Cada vez que almacenes agua, asegúrate de agregar ocho gotas de cloro de uso casero por cada galón de agua. Para el Water Brick mencionado, esto significa 28 gotas de cloro. Si mantienes el agua cubierta, esa cantidad de cloro la mantendrá limpia durante un año.

Filtrar el agua es extremadamente importante, y deberías asegurarte de tener suministros de filtración a la mano. Los filtros más baratos en el mercado son probablemente los filtros de café. Aunque son hechos para usarlos con el café, también puedes filtrar muchas osas dañinas del agua que has recolectado.

Hay otro artículo en el mercado, el cual siento que es un poco costoso, pero es bueno. Es el Life Straw, que normalmente cuesta $20 por unidad. Parece una pajilla, sorbete o popote muy grueso de plástico azul claro, y se usa para sorber agua de un manantial o riachuelo. También pudieras tomar algo de agua en una taza y beberla con el Life Straw. He usado el Life Straw, y me siento confiado de incluirlo en mis preparaciones.

Pero cuando estás sediento y anhelas tomar agua, es poco apetecible sorberla por una pajilla. Katadyn ofrece un buen filtro/bomba manual que pudieras usar para filtrar agua de una taza a otra y beberla de esa forma. Pero este artículo también es costoso. Los filtros Katadyn cuestan entre $75 y $500 cada uno, dependiendo del modelo. Katadyn también vende muchas piezas de repuesto para sus filtros.

Durante años, he tenido varias Botellas con Filtro de Agua de Sport Berkey (*Sport Berkey Water Filter Bottles*) de 22 onzas, y estoy muy feliz con ellas. Son botellas de plástico azul claro en las que almacenas agua y la bebes a través de una pajilla que pasa el agua a través de un filtro. Y cuando terminas de beber agua, puedes doblar la tapa para ocultar la pajilla. Estas botellas filtran aproximadamente el 99% de los patógenos del agua, incluyendo *E. coli*, el cual se ha colado en algunos suministros de agua municipal en el pasado. La botella incluye un asa, para que puedas sujetarla a una mochila de ser necesario. Las Botellas con Filtro de Agua de Sport Berkey usualmente cuestan $19 por unidad, y el filtro de reemplazo cuesta $17; pueden ser compradas a través de Amazon o en Directive 21.

Uno de sus competidores, llamado Sawyer, vende un producto similar. De hecho, se ve exactamente igual, por $30. Hasta ahora, he escuchado buenas reseñas, pero sigo prefiriendo Berkey.

Berkey fabrica un filtro doméstico, llamado "Big Berkey", que parece un termo de acero inoxidable. Serviría para una unidad familiar. Cuestan varios cientos de dólares, pero son geniales. La idea es llenarlos con mucha agua trayéndola desde un arroyo u otra fuente de agua, y verter el agua por la parte superior del Big Berkey. Lentamente, filtra el agua, y después puedes obtener algo de agua por la válvula inferior. Los repuestos son importantes, así que si compras uno de éstos, asegúrate de almacenar filtros.

Berkey es una excelente compañía de filtración de agua. He escuchado de personas que han mezclado colorante de comida con agua, y después de pasarla por un filtro Berkey, el agua sale limpia. Además, si recibes agua municipal y tiene un ligero olor a cloro, puedes beberla a través de un filtro Berkey y dejará de tener ese olor.

Así que deberías familiarizarte con estos productos de filtración de agua. Mantén varios a la mano en tu hogar o sitio de retiro, y asegúrate de tener más de ellos y sus repuestos de los que necesitarás. Aprende cómo usarlos. Repito: el agua es extremadamente importante. Sin agua, lo demás no importa. Puedes tener la mayor cantidad posible de comida, armas, suministros de primeros auxilios, y vestimenta; pero sin agua, nada más importa. En un colapso a largo plazo, no sobrevivirás. Es así de simple.

Cremas Para el Pie de Atleta y Tiña Inguinal

Hace unos meses estaba con mi hija en el jacuzzi de nuestro patio trasero, y estalló una guerra de agua. El agua volaba por todos lados, incluyendo mi bata, toallas y sandalias. Cuando las cosas se calmaron, y volvimos a la casa para ver una película, me dejé la bata y sandalias húmedas sin pensarlo mucho. Al día siguiente tenía un horrible y doloroso hongo en mi pie derecho. ¡Apenas podía caminar! Estaba en riesgo un viaje al extranjero que tenía en mis planes.

Después de usar esta crema para el pie de atleta durante cuatro días, el hongo desapareció, y pude caminar de nuevo.

Cualquier persona que haya participado en deportes en la secundaria o universidad conoce el dolor extremo que causa la tiña inguinal, otro hongo que aparece en la piel. También es difícil caminar con tiña inguinal. Aprendes de la forma difícil la importancia de bañarse constantemente.

Incluso si no participas en deportes, la tiña inguinal ataca a hombres y mujeres por igual. Sólo toma unos días sin bañarse para que aparezca.

Pero piénsalo: durante un verdadero colapso de la sociedad, miles o incluso millones de personas no podrán cambiarse de ropa, bañarse o mantenerse aseados. Si caminan por agua, estarán caminando con zapatos mojados durante un tiempo. No podrán asearse, secarse ni evitar contraer pie de atleta. Las duchas y bañeras serán extremadamente escasas, así que la tiña inguinal también abundará. Esto significa que muchas personas sufrirán mucho dolor.

Compré la crema de pie de atleta que me curó en Walmart, en un pasillo de descuento de 88 centavos en la sección de farmacia. Sólo necesité 88 centavos para pasar de la agonía total al alivio.

Este es un artículo sumamente importante que debemos almacenar. Tanto la crema para el pie de atleta como para la tiña inguinal – ambos son hongos cutáneos- deberían comprarse repetidamente y acumularse. Tengo cubetas de cinco galones llenas con tubos de estas cremas, y creo que debería llenar otra más.

Este es uno de los mejores ejemplos de cosas que son extremadamente baratas actualmente y serán extremadamente valiosas si ocurre un colapso de la sociedad. ¿Puedes imaginar lo preciadas que serán estas cremas para las personas –que serán muchas- que sufran de estas enfermedades? Y aún así, considerando lo valiosas que serán en ese momento, las cremas para el pie de atleta y la tiña inguinal son muy, muy baratas hoy en día.

¡Así que comienza tu reserva de este producto ahora! Y mantenlo en un lugar fresco y seco.

¿Dónde Conseguir las Cosas?

¡A veces los preppers gastan mucho dinero en sus preparaciones! De hecho, este es un error habitual de los preppers novatos. Y, obviamente, cuanto menos dinero gastes en tus preparaciones, más cantidad podrás comprar. Así que es muy importante comprar de forma quisquillosa.

Estas son algunos de los sitios donde deberías comprar tus preparaciones: el Ejército de Salvación, Goodwill (y su página web shopgoodwill.com), Walmart, Sam's Club, BJ's, Fred Meyer, tiendas Ross, ventas de garaje, EBay, Amazon, y las tiendas prepper especializadas.

Busca ofertas en todos lados. Las tiendas de herramientas usualmente tienen ofertas en el otoño para deshacerse de las herramientas de jardín de verano. Es sería un buen momento para abastecerse de palas, herramientas manuales, y hachas. Walmart tiene un pasillo de ofertas de 88 centavos en su farmacia, donde venden todo tipo de medicamentos que puedes almacenar. Incluso las tiendas de dólar tienen artículos en oferta cada cierto tiempo.

eBay tiene ofertas geniales en artículos nuevos y usados. Hice algo genial recientemente, gracias a la sugerencia de James Rawles: busqué "TSA" en eBay, donde hay una subasta de artículos confiscados por la Administración de Seguridad en el Transporte de Estados Unidos (TSA por sus siglas en inglés). Aparentemente, muchas personas estúpidas intentan pasar por puntos de seguridad con navajas y herramientas de bolsillo. Prepárate para gastar $60 o más en 20-30 navajas. Gané una de estas subastas, y una de las herramientas que compré tenía "Guardia Nacional" grabado en un lado, lo cual fue genial.

En sitios como la lista de Craig (Craig's List) ocasionalmente aparecen cosas gratis. Uno de mis amigos consiguió una camioneta pick-up llena de latas de comida deshidratada #10 de Mountain House, que el dueño de la casa estaba regalando sólo para vaciar un sótano. ¡Totalmente gratis! Es uno de los amigos mejor preparados que tengo, y consiguió la mayor parte de sus preparaciones ¡gratis!

Adicciones

Si alguna vez has sufrido de una adicción, conoces el poder que estas pueden tener sobre alguien. Hay tres sustancias adictivas legales que se pueden almacenar: café, cigarrillos, y alcohol. Serán geniales para almacenar e intercambiar. Y todas caben perfectamente en cubetas de cinco galones.

En mi reserve de café, tengo esos pequeños sobres de una porción de Tasters Choice que están diseñados para usarse en 6 onzas de agua caliente. El precio es aceptable, y saben bien. Compro el café colombiano de tostado medio, pero he escuchado que los de avellana y vainilla son excelentes. El único problema que he encontrado es que debes usar dos para una taza normal de café. Si lo usas según las instrucciones, el café sabrá un poco aguado.

Sin embargo, es excelente, y te sorprenderás gratamente con lo mucho que ha mejorado el café instantáneo desde sus inicios.

Starbucks también tiene una buena versión de los sobres de una porción con su marca "Via", pero es muy costoso. Si estás intentando almacenar café, puedes caer en bancarrota comprando café instantáneo de Starbucks.

De cualquier forma, prefiero estos sobres de una porción de café instantáneo, en lugar de una gran jarra de la que sacas cucharadas de café. Las porciones individuales parecen ser una mejor forma de almacenamiento. Una porción individual de café instantáneo puede ser intercambiada fácilmente, y sabes exactamente la cantidad correcta que debes usar en tu agua caliente. No conozco su vida media, pero probablemente sea larga, dado que no contienen líquido ni aceites.

Preparando mis reservas de café, he comprado muchos paquetes de crema Coffee Mate y Splenda. Aunque, realmente, si tienes que sobrevivir a largo plazo, limitar tu consumo de azúcar no será una prioridad, así que también pudieras almacenar azúcar real. Un par de raciones individuales de café, dos sobres de crema y dos de azúcar probablemente sean una combinación ideal para intercambiar cuando sea necesario.

Pero sin importar cómo lo hagas, puedo imaginar lo acogedor que será para alguien que no ha tomado café en mucho tiempo, hervir un poco de agua y mezclar un poco de café instantáneo con crema y azúcar.

También es buena idea almacenar cigarrillos porque serán excelentes artículos de intercambio algún día. ¿Alguna vez has notado como una persona que fuma cigarrillos prácticamente puede escalar las paredes después de pasar unos días sin fumar? Esta adicción es extremadamente poderosa.

Siempre estoy pendiente de encontrar ofertas de cigarrillos. Dudo que importe la marca del cigarrillo, y los que tienen marcas desconocidas son mucho más baratos que los Marlboro o Camel. Mis amigos fumadores me han dicho que ocasionalmente disfrutan un cigarrillo mentolado, así que también tengo algunos almacenados. En el mismo contenedor de cinco galones donde guardo los cigarrillos, incluí muchos fósforos baratos y encendedores Bic. Siento que mi reserva de cigarrillos será equivalente a tener dinero en el banco en un colapso social.

Al igual que con el café instantáneo, no tengo idea de la vida media de los cigarrillos. Sin embargo, debe ser bastante extensa. Dado que no hay líquidos ni aceite en los cigarrillos, y se usan quemándolos para inhalar el humo. Así que su vida media probablemente sea muy larga.

También tengo una reserva de botellas pequeñas de vodka. ¿Por qué vodka, y no ginebra o ron? El vodka tiene un sabor bastante neutral y un porcentaje más elevado de alcohol, por lo que puede usarse para encender fuego. Las botellas plásticas que compro son de plástico y duraderas, y pueden ser transportadas y servidas fácilmente.

Contenedores

Debes almacenar todas las cosas que recopilas en algún lado. No puedes sencillamente dejarlas en tu garaje ni en el ático. Estas cosas deben ser almacenadas en contenedores, aunque sólo sea para mantenerlas ordenadas. Los contenedores también te ayudan a mover tus reservas fácilmente. Estas son algunas ideas para el almacenamiento:

Bolsas para el congelador, tanto de cuarto de galón y de un galón. Las bolsas de dos galones también son buenas, pero no son tan necesarias. Son bastante económicas en Walmart y otras tiendas de conveniencia, y son muy importantes. Puedes guardar muchas cosas en estas bolsas. Si son bolsas de congelador, serán más robustas y durarán más tiempo. Cuando las hayas usado, en lugar de desecharlas, lávalas y ponlas a secar en el sitio donde pones a secar los platos. Evita las bolsas con el cierre plástico deslizante; el cierre se romperá con el tiempo.

Las bolsas de cocina de 13 galones con cordones, son buenas para almacenamiento. Puedes guardar y transportar casi cualquier cosa en estas bolsas. Nunca he limpiado una de estas, pero probablemente sea posible.

Bolsas de construcción: son bolsas muy resistentes de 55 galones. Pueden cargar y almacenar artículos afilados, y es menos probable que algo la rompa. Si estás en un apuro, puedes llenar una de estas bolsas con hojas y usarla como un colchón provisional que te aislará del suelo frío si debes dormir a la intemperie.

Cubetas de cinco galones. Rara vez cuestan más de $5 por unidad en las ferreterías, y a veces puedes convencer a un restaurante de regalarte sus cubetas viejas de cinco galones y calidad alimentaria. Puedes comprar las tapas en ferreterías, dado que se pueden romper o cuartear, y no me impresiona mucho su calidad. Usualmente gasto unos $15 por unidad en Amazon en tapas con sello gamma que abren y cierran con mayor facilidad, y son más duraderas. Home Depot vende tapas negras con sello gamma a $7 por unidad. Cuando comienzas una reserva de estos contenedores, es una buena idea ponerles una pieza de cinta adhesiva y escribir en ella lo que contiene cada cubeta.

En algunas cubetas de cinco galones, he almacenado bolsas de congelador.

Las cubetas de cinco galones pueden ser almacenadas sobre el nivel del suelo, o enterradas bajo suelo. Es algo problemático enterrarlas, dado que no siempre son herméticas y es difícil enterrarlas y luego desenterrarlas. Necesitas cavar y descubrir toda la parte superior de la cubeta antes de poder sacarlas del suelo, y es un lío.

Recientemente encontré una cubeta más pequeña con algunas adiciones, y se llaman Monovaults. Están hechas para ser enterradas, y la tapa es hermética. Tienen el tamaño suficiente para almacenar una pistola, y nada más. Son bastante costosas, $80 en Amazon.

Los *MTM Survivor Ammo Can Underground Storage Cache SAC* son más prácticos, del tamaño de una cubeta de cinco galones. Cuestan $30 en Amazon, y parecen ser bastante herméticos y seguros.

Puedes construir tubos de almacén, también conocidos como "Almacén de Sobrevivencia" tú mismo. Como con las otras cosas que puedes enterrar, su principal ventaja es una temperatura más baja, que es importante con cosas como medicamentos y comida. Los sitios de almacenamiento más extensos en temperaturas bajas, como una bodega, son mucho más costosos.

Los tubos de almacén son básicamente tuberías plásticas (PVC o ABS), de unos dos o tres pies de longitud, con una tapa pegada a un extremo, y un adaptador de limpieza (de rosca) en el otro extremo. Son angostos puesto que 4-pulgadas es el diámetro más ancho que puedes comprar, así que no puedes almacenar mucho en ellos. Pero son más fáciles de enterrar, y se mantienen herméticos. (De hecho, esto no siempre es cierto. Una vez compré una tubería de PVC de 8-pulgadas y adapté los extremos, ¡y el costo final fue de unos $80 por tubo!

Cada vez que entierres algo algo metálico (por ejemplo un cuchillo, municiones, monedas de plata o un abrelatas), asegúrate de esparcir algunos tornillos y tuercas pequeñas sobre el suelo, para despistar a cualquier persona que use un detector de metales para encontrar tus cosas.

Claro está, debes mantener un registro de dónde entierras tus tubos de almacén. Las principales ventajas de enterrar las cosas que almacenan incluyen la discreción y el control de temperatura. Los artículos enterrados por lo general mantienen una temperatura estable de 55 °F (12,7 °C).

Asegúrate de que las cosas que entierres, ya sean un tubo de almacén o cubetas de cinco galones, sean herméticas al agua. Si no estás seguro de ello, guarda cada artículo dentro de bolsas de congelador.

Contenedores de transporte: uno de nuestros amigos pagó recientemente $2.500 por un contenedor de 20 pies de largo, incluyendo el envío. Al contrario que otros contenedores, el de mi amigo estaba en buen estado. Es una buena idea revisar tu contenedor antes de comprarlo. El óxido y deterioro pueden hacer que un contenedor dure menos. Si te tienta la idea de comprar uno, recuerda que no poseen estantes ni ventilación. Así que si lo compras, asegúrate de tener varias estanterías dentro.

Algunas personas han intentado enterrar estos contenedores (excepto las puertas), para esconderlos y controlar su temperatura. Y tienen razón; la vida útil de los artículos almacenados se extiende mucho cuando están en una temperatura más baja. Pero ésta probablemente no sea una buena idea. Claro, los contenedores están hechos para soportar hasta seis a ocho contenedores encima, pero el peso es uniforme y sostenido por soportes. Enterrar los contenedores añade peso en los laterales y en la parte superior – partes que no están diseñadas para soportar presión. Si la parte superior del contenedor está enterrada y el suelo se moja, el agua no tiene a dónde ir. De esta forma, la parte superior se oxida y comienza a filtrarse agua al contenedor. Eventualmente, comienza a acumularse agua y lodo en el contenedor, y se convierte en un desastre.

Y la tierra que presiona los lados del contenedor eventualmente hará que se doblen hacia dentro.

Algo más sobre los contenedores: siempre me han parecido sospechosos los contenedores que las personas tienen en el campo. ¿Qué pasa si entras en ellos y el viento cierra la puerta? Es posible que la puerta se cierre, y el mecanismo de la cerradura te mantenga atrapado. Si esto te sucede, y no tienes tu teléfono a la mano o no tienes señal telefónica, podrías estar en un apuro. Así que debes tener cuidado con los contenedores.

Esta es una de mis cubetas de cinco galones, con tapa con sello gamma. Nótese que la cinta adhesive indica el contenido de la cubeta, en este caso bolsas Ziploc de un galón.

Tierra de la Chatarra

Muchos preppers piensan que es buena idea recopilar "chatarra de plata," monedas de 1¢ y 25¢ de dólar estadounidense acuñadas antes de 1965, y tienen razón. Si llega el fin, estas monedas pueden servirte para comprar las cosas que necesites.

Pero quisiera animarte a comprar "tierra de chatarra," terrenos vacíos que son económicos y abundantes, y alejados en el campo. Los agentes de bienes raíces los llaman "tierra sin labrar" puesto que son terrenos sin nada, ni siquiera caminos, electricidad ni agua. Muchas veces el dueño ha heredado esta tierra, o un terreno más grande ha sido dividido, y se vende por partes. A pesar del gran número de acres que a veces componen estos terrenos, pueden ser difíciles de vender, y el dueño se ofrecerá a financiar tu compra.

¡La tierra sin labrar es el sueño de un prepper! Si las cosas se pusieran mal, ¿en qué otro sitio podrás sobrevivir sino en el campo? Y con varios acres bajo tu control, podrás plantar comida, recoger alimentos, almacenar algunos suministros, cazar, vivir, y sobrevivir.

La forma de encontrar esta tierra sin labrar es localizar una zona fuera de un área suburbana, a veces hasta más de 100 millas fuera de la ciudad, y buscar en Google "tierra sin labrar", "superficie", y "financiamiento por el dueño". Te sorprenderá la cantidad de acres en venta por precios relativamente baratos.

Será una experiencia diferente para las personas que nacieron y se criaron en ciudades. Las personas que han pasado la mayor parte de sus vidas en una ciudad asumirán que 50-100 acres cuestan millones de dólares.

Y estarán en lo correcto, ¡mientras esta tierra esté rodeada de vecindarios y calles! Pero si te fijas detenidamente, puedes encontrar esos terrenos en venta, por precios bajos, en el campo.

Parte de la razón de los precios bajos en los terrenos en el campo es porque están alejados de los sitios donde las personas quieren vivir y trabajar. ¡Tanto mejor! Para sobrevivir a una verdadera situación de SHTF, debes poseer tierra alejada de dónde el resto de la gente vive y trabaja; lejos de las autopistas interestatales. Son terrenos poco glamorosos, alejados, poco accesibles que nadie quiere. Cuando hordas de personas marchen fuera de las ciudades para buscar comida y granjas que saquear, se mantendrán cerca de las autopistas, y mientras más alejada esté tu propiedad de éstas, mejor.

Estas son algunas prioridades que te sugiero mantener en cuenta en tu búsqueda de tierra de chatarra: asegúrate de que sea un terreno extenso, preferiblemente 20 acres o más. Con esta cantidad de terreno, podrás pasar desapercibido para vecinos y viajeros cercanos. Pasar desapercibido es muy importante.

Una vez que compres el terreno, explóralo. Trae algunas sierras y tijeras de podar y crea una ruta de senderismo en medio de tu propiedad. Si tu tierra tiene colinas, encuentra un área plana. Con el tiempo, tu sendero se desgastará y algún día podrás contratar a un operador de excavadora local que convierta tu pequeño sendero en un camino pequeño sobre el que puedas manejar. Asegúrate de tener áreas dónde puedas dar la vuelta adyacentes al camino, y también necesitarás contratar a varios locales para esparcir un poco de grava para que no te atores o deslices en el camino cuando llueva.

Lo que debes tener en cuenta sobre la grava es que una vez que la esparces en tus caminos, debes conducir sobre ella después de que se moja, y después aplicar otra capa de grava. Y después de que llueva de nuevo, ¡tal vez una tercera capa de grava! Eventualmente, la grava estará compactada, y el camino será tan seguro como si tuviera asfalto. Además, asegúrate de tener zanjas de agua a cada lado del camino, de forma que la ruta no se inunde en una tormenta severa.

El agua también es muy importante. Idealmente, el terreno tendría un arroyo, pero si eso no es posible, considera excavar un pozo de agua por encima de los posibles sitios de construcción. Pregunta a los vecinos si han podido excavar pozos que produzcan agua. Usualmente, los terrenos cercanos tienen las mismas condiciones para pozos de agua.

He tenido algo de éxito contratando un "remojador" o "brujo de agua", para que viniera a nuestra propiedad y encontrara buenas áreas para excavar un pozo. Como cristiano, el término "brujo" me molestaba, pero la persona que realiza este trabajo no hace brujerías, sino que mide cambios en la fuerza magnética de un paso a otro en tu terreno. Si el magnetismo cambia abruptamente, esta persona asume que es un buen lugar para excavar un pozo de agua.

Funcionó en nuestra propiedad. Contratamos a un excavador de pozos de agua para cavar un pozo (costó aproximadamente $9.000) en uno de los sitios seleccionados por el "remojador". El excavador cavó unos 200 pies, y nuestro pozo demostró poder producir siete galones de agua por minuto. El excavador recubrió el hoyo con tubería PVC y contratamos a otra persona para que instalara una bomba de agua manual, lo que costó menos de $1.000. En el futuro, nos encargaremos de la "dureza" del agua, que se refiere a la cantidad de minerales que contiene, pero el agua es apta para consumir.

Uno de los problemas al comprar tierra sin labrar es que esta debería, de ser posible, ser medida para saber dónde están sus límites. Esto puede ser bastante costoso, especialmente en los terrenos más amplios cuyos límites atraviesan bosques densos. Si el trabajo de medición cuesta demasiado dinero, una posibilidad es comparar medidas con los vecinos sobre los límites aproximados.

Otro de los inconvenientes de comprar tierra sin labrar en el campo es que muchas veces no tienen vías de acceso. Esa puede ser la razón por la que un terreno de 100 acres, por ejemplo, a las afueras de un pequeño poblado, con hermosas colinas, sea tan barato. He escuchado historias de terror en las que alguien compra una hermosa propiedad en el campo, a la cual se accede mediante una caminata corta a través de un terreno colindante. Eventualmente, aparecen los carteles de "Prohibido el Paso", y les envían notificaciones legales advirtiendo al dueño de la propiedad inaccesible que se aleje del terreno que se encuentra entre su propiedad y una vía de acceso, y de esa forma, la propiedad se vuelve inaccesible e inútil. Reunirse con los vecinos no resulta en una autorización para llegar a su propiedad, y se utiliza la frase "deberías haber pensado en esto cuando compraste esa tierra." ¡Una verdadera pesadilla!

Sin embargo, un buen prepper debería ver un terreno inaccesible como una oportunidad, no como un obstáculo. A fin de cuentas, tu meta será poder comprar una servidumbre de paso permanente para que puedas pasar de un camino local, atravesando la propiedad de tu vecino, hasta tu terreno. Esto puede ser complicado, pero es factible. El paso extra que representa obtener una servidumbre de paso explica el bajo precio de las propiedades inaccesibles.

Antes de comprar un terreno inaccesible, debes acercarte al dueño de la propiedad que se encuentre entre la vía de acceso y el terreno en cuestión, y preguntar si es posible comprar una servidumbre de paso a través de su propiedad. Por supuesto, esto requerirá una transacción monetaria, y el dueño pudiese saber que tiene la ventaja. Pero a veces, el vecino poseerá una compañía de construcción o contratación y puedes ofrecer utilizar sus servicios una vez que adquieras el terreno y tengas la servidumbre de paso. O tal vez existan otros incentivos que puedas usar.

En algunas jurisdicciones, puedes ofrecer intercambiar parte del terreno con el vecino; esto se llama "ajuste de los límites de la propiedad", de forma que pudieras poseer una franja de terreno entre la propiedad inaccesible y una vía de acceso, y tu vecino obtendrá un área equivalente de tierra. Tal vez esta solución nunca se le haya ocurrido a nadie.

En ambos escenarios, ya sea comprar una servidumbre de paso, o realizar un ajuste de los límites del terreno, debes resolver el problema antes de comprar la propiedad inaccesible. De lo contrario, pudiera ser demasiado tarde. El dueño de la propiedad entre la tuya y la vía de acceso sabrá que tiene una ventaja sobre ti.

Los detalles específicos de una opción de compra de la servidumbre de paso y su legalidad quedan fuera del ámbito de este libro, y no estoy aquí para darte asesoría legal de bienes raíces. Sólo mantén en cuenta que es posible convertir una propiedad inaccesible en accesible, y que puede haber sólo un par de obstáculos en el camino. Edúcate sobre las leyes de servidumbre locales, encuentra un abogado de bienes raíces y dile cuáles son tus objetivos, y atrévete. Existe la posibilidad de que compres un terreno valioso pero que nadie quiso antes por los problemas de accesibilidad. Pero ten cuidado.

Una vez que poseas el terreno, familiarízate con las leyes locales respecto a la construcción, creación de caminos, pozos, estructuras, y permanencia de vehículos. Cuando hables con oficiales locales, tu actitud debería ser de "quiero obedecer las reglas", pero es buena idea no revelar tus planes específicos. Recuerdo que en una ocasión, estaba conversando con alguien en la oficina de permisos de mi condado, e hice algunas preguntas sobre construir una estructura más pequeña de las que requieren permisos. "Hey, ten cuidado con lo que haces", me dijo desdeñosamente. "Si encontramos tu propiedad y vemos que has construido en contra de las reglas y sin permisos, habrá repercusiones." Respondí: "por eso pregunto cuáles son las reglas."

Deberías vigilar tu propiedad, y cercarla de forma que ningún excursionista entre en ella, se lesione, y te demande por ello. Además –nunca he visto que esto suceda, pero sí he escuchado casos- una propiedad sin verjas puede ser explorada por oficiales locales en búsqueda de violaciones a la ley.

Todos los obreros que contrates para trabajar en tu propiedad. Probablemente se den cuenta de que el terreno está vacante la mayor parte del tiempo, y que pudieran regresar más tarde, cuando no estés ahí, y llevarse lo que quieran. Me han robado un par de generadores, y sospecho que fueron algunos de mis trabajadores. Desde entonces, he construido cobertizos a prueba de robos, y ahí guardo mis generadores y herramientas.

A medida que te familiarices con tu propiedad, encontrarás que dejas en ella un montón de cosas, las cuales son susceptibles a ser hurtadas si no están seguras. Costco vende un cobertizo bastante económico que puede ser asegurado. En algunas áreas, puedes comprar un pequeño cobertizo de madera, y el vendedor lo construirá en la zona que elijas.

Probablemente, la mejor inversión en estructura que puedes realizar en tu propiedad es un bus escolar o caravana usada. Me he quedado sorprendido con los precios de las caravanas y buses escolares usados en eBay. Ambas pueden conseguirse a precios muy económicos, y estacionados en un sitio que no sea visible fuera de la propiedad. Después, debes pintar la caravana o bus escolar de camuflaje verde o pardo, dependiendo del terreno. Además, puedes cerrarlo con candado para asegurar tus herramientas y objetos valiosos; así, tendrás un lugar seguro y conveniente al que llegar cuando estés en tu propiedad.

Una puerta de entrada también es importante, y existe una compañía llamada Mighty Mule que vende sistemas de apertura de puertas principales que operan con baterías, que además pueden ser alimentados por paneles solares. Son geniales, y están disponibles en las tiendas Tractor Supply. En algunas jurisdicciones, es necesario que coloques carteles de "Prohibido el Paso" para que la policía procese a alguien que entre a tu propiedad ilegalmente.

Pero el primer paso es encontrar tierra sin labrar a un precio que puedas costear. Estas son algunas páginas web que encontrado que publican tierra sin labrar a la venta, y a veces las propiedades ofrecen financiamiento por parte del dueño:

Puedes encontrar algunas ideas en la página Survival Reality, pero mantén en cuenta que estas casas son básicamente para preppers millonarios a quienes no les importa que su ubicación haya sido publicitada en todos lados. En mi opinión, eso no es muy realista. Pero la página web sigue siendo interesante y genera ideas de lo que es una buena localización prepper –así sea algo exagerada-.

Hay muchas otras opciones, pero estas son algunas páginas web que publican tierra sin labrar, en ocasiones con financiamiento por parte del dueño.

Countryplacesinc.com – Tennessee, Alabama y Kentucky
Billyland.com –Oeste de los Estados Unidos
Inlandproperties.com – Norte del Área de la Bahía de San Francisco
Hillcountryrealestate.net – Texas Hill Country
Landsofmissouri.com – Missouri
Floridaland1.com – Florida Central
Landsofmontana.com – Montana

Basura

¿Alguna vez has mirado con detenimiento las cosas que desechas? Es probable que algunas de las cosas que siempre tiras a la basura puedan resultar útiles en una situación de desastre. Examinar tu basura antes de que pase el camión recolector es una gran idea. Podrías encontrar un tesoro de cosas que serían valiosas en momentos difíciles.

Uno de los artículos de desecho útiles es el la botella pequeña de bebidas gaseosas, usualmente Coca-Cola Light, hecha de plástico de calidad alimentaria, y la botella parece ser mucho más gruesa de lo necesario para una bebida gaseosa. ¡Honestamente, este es el tipo de botellas que puedo imaginarme durante cientos de años en un vertedero de basura! Serían un excelente contenedor para almacenar cosas, alimentos o no.

Hago algo similar con una botella de 2 litros de bebidas gaseosas. Una vez que la familia se bebe la Coca-Cola Light, o la cerveza sin alcohol, o lo que sea, limpio y seco la botella, y la lleno con granos secos. Tengo varias llenas de lentejas, arvejas partidas, frijoles pintos, e incluso arroz y frijoles estilo Cajún. Si alguno de los paquetes o condimentos viene con instrucciones, las pego fuera de la botella. Luego, me aseguro de escribir el año en que hice esto y las almaceno en la parte posterior de un closet o alacena. Desconozco la vida media de estos granos, pero dado que son secos, debe ser larga si se mantienen en un lugar fresco y seco.

El costo por unidad es muy bajo; probablemente menos de seis dólares por botella. Este es un buen artículo para almacenar e intercambiar algún día.

Otra de las cosas valiosas que mucha gente desecha con frecuencia es la pelusa de la secadora de ropa. Esta pelusa es la yesca perfecta para encender fuegos. En nuestra casa, tenemos una bolsa plástica guindada cerca de la secadora, y recogemos toda la pelusa que sale de ella cuando lavamos la ropa. Cuando la bolsa está llena de pelusa, la sellamos y la guardamos en una bolsa de un galón.

¡Esta pelusa es genial! Hace unos meses tuvimos una reunión del club de armas de fuego, y los miembros comparábamos nuestras bolsas de emergencia y sus contenidos. Les mostré a todos mi encendedor de magnesio, esos que sueltan chispas, y una bolsa de pelusa de secadora (guardadas de forma separada). Nadie podía creer que se pudiera comenzar un fuego rápidamente con esto.

Así que agarré un puñado de pelusa, y mi encendedor de magnesio, y me dirigí al patio. Puse la pelusa en el suelo y le introduje el encendedor, y al primer intento, ¡se prendió un pequeño fuego! ¡El resto del grupo ni siquiera había salido de la casa todavía! La gente no podía creerlo. Por demanda popular, demostré la hazaña varias veces más. Creo que ni siquiera un encendedor Bic hubiese sido más rápido.

También quiero mencionar los contenedores de agua de un galón que vende Crystal Geyser; pueden ser útiles en una situación SHTF. Son jarras de un galón, de plástico transparente, que tienen una especie de asa adherida a la parte superior. Estas botellas tienen una tapa de rosca, de forma que pueden ser usadas y reusadas muchas veces; no sólo para cargar agua, sino cualquier alimento, como sopa. No hay razón para desecharlas. Y el plástico luce lo suficientemente fuerte como para durar un buen tiempo.

Este es un ejemplo de algunas de las botellas usadas que he recogido de la basura, las limpié y sequé, y luego las llené con granos secos. He pegado las instrucciones y condimentos fuera de ellas, y marqué el año en que lo hice. El costo unitario es menor a seis dólares y podrían alimentar a una familia de cuatro integrantes durante unos días.

Cobijas, Abrigos, y Bolsas de Dormir Usadas

Cada invierno, aparecen en las noticias reportajes sobre refugios para indigentes diciendo que no pueden alojar a todas las personas en situación de calle que intentan sobrevivir al clima helado. En el último reportaje que vi, el encargado del refugio reportaba altas cifras de neumonía, y animaba a todos los indigentes a dirigirse a las tiendas de caridad y del Ejército de Salvación locales y recoger cobijas, abrigos, y bolsas de dormir usadas. ¡Estos indigentes estaban viviendo en las calles frías sin ningún cobijo! El reportero alentaba a los espectadores a donar estos artículos para que pudiesen ser adquiridas por los indigentes.

Si lo piensas, en una situación realmente SHTF, dependiendo del desastre específico, muchos de los preppers pudiéramos convertirnos en indigentes. Por la razón que sea, nuestros hogares o incluso nuestra región completa pudiera ser inhabitable. Estos pudiéramos ser nosotros, viviendo en la calle y congelándonos, contrayendo neumonía, si no estamos tibios y secos. Las cobijas, abrigos, y bolsas de dormir son muy importantes y debemos almacenarlas, listas para usar cuando sea necesario. ¡Pudieran salvarnos la vida!

Considera lo siguiente: las cobijas, abrigos y bolsas de dormir son extremadamente costosas cuando están nuevas. Mi esposa y yo fuimos invitados a un viaje de campamento con otra familia recientemente, y cuando fui a la tienda REI (Recreational Equipment, Inc.) local, me sorprendí al descubrir que las bolsas de dormir, hechas de plumón y resistentes a temperaturas bajo cero, ¡costaban más de $200! ¡Qué estafa! Inmediatamente entré en eBay, compré una bolsa de dormir militar usada por $25, y nadie notó la diferencia.

La bolsa de dormir que compré en eBay me pareció nueva. Y eso tiene sentido. La probabilidad de comprar una bolsa de dormir "usada" que realmente está nueva y sólo fue utilizada dos o tres veces, es bastante alta.

Revisé, y los abrigos usados de plumón tienen ofertas similares en eBay. No son tan buenas, pero se asemejan.

Lo importante es que no es necesario comprar abrigos o bolsas de dormir nuevas, cuando existen ofertas disponibles en eBay a precios mucho, mucho menores.

Lo mismo para con las cobijas. Recientemente, fui de compras a Ross y vi buenas ofertas en cobijas. Por supuesto, estaban clasificadas por color y estilo, lo que es irrelevante en un desastre. Estas cobijas, y los abrigos y bolsas de dormir usadas, pudieran salvar vidas.

Con respecto a las cobijas, siento una afinidad natural por las de 100% lana, pero después de comparar precios, prefiero comprar las de tela polar. La tela polar casi es milagrosa; es barata y muy cálida. El único problema que he encontrado con la tela polar es que es muy difícil de teñir, de forma que si encuentras una gran rebaja por una cobija amarilla y rosada con un diseño de "Hello Kitty", tal vez no puedas modificarla.

Implementos de Costura

Siempre habrán cosas que se echen a perder o se rompan, eso es seguro. Por eso es tan importante recolectar herramientas manuales, en lugar de generadores o cosas que funcionen con motores eléctricos o de gas. Pero la ropa, tiendas de campaña, bolsas de dormir, mochilas y cualquier cosa hecha de tela seguramente se rasgará y tendrá hoyos. Mantener una reserva de implementos de costura y kits miniatura te permitirá reparar estos artículos.

Lo bueno es que los kits de costura pequeños son muy baratos. Encontré uno en Amazon que costó sólo $7. Y el kit que encontré tenía un estuche de nylon el cual, a diferencia de un estuche plástico, puedo guardar en un espacio pequeño de una mochila sin que se rompa.

Además, mantén en mente que casi nadie tendrá esta clase de artículos en su reserva, así que tener unos extra te permitirá intercambiarlos por otras cosas. Serán un artículo de primera necesidad.

Caramelos Duros

Tal vez parezca un comercial para las tiendas de dólar, pero en este caso, no hay nada mejor que almacenar las pequeñas bolsas de caramelos duros que sólo cuestan $1. Si son caramelos duros, su vida media es extremadamente larga, posiblemente indefinida. Asegúrate de no incluir M&Ms u otros caramelos que contengan chocolate. Si accidentalmente compras algunos caramelos de chocolate, como me sucedió a mí, lo mejor es comerlos ahora, para que no los incluyas accidentalmente en tus preparaciones. No quieres que se desperdicien cosas así, ¿sabes? ¡Hay gente muriendo de hambre en el mundo!

Y si el paquete de caramelos duros es lo suficientemente pequeño, como los que venden en las tiendas de dólar, es muy fácil intercambiarlo.

Linternas, Baterías Recargables, Cargadores

Seamos honestos: en caso de un desastre prolongado, tendremos que vivir en el campo entre los animales. Los animales pasan sus noches buscando otros animales que comer.

O, imagina esto: si hay un desastre prolongado, sobreviviremos en el campo, mientras miles o incluso millones de personas saldrán de las ciudades y querrán apropiarse de lo que nosotros, los preppers, hemos recolectado para nosotros y nuestras familias. Ya sea porque tengamos que defendernos de los animales que intenten comernos, o de humanos que intentar robar nuestras pertenencias, será un escenario de selección natural post-apocalíptica.

Las linternas son clave. Durante la noche, una buena linterna aturdirá los ojos de animales y humanos, dándote la ventaja para defenderte, o para matar el animal para alimentarte.

En cuanto a las linternas: busca un lumen alto, y asegúrate de que use baterías AA o AAA. Hace unos meses me parecía que la mejor opción era la marca Dorcy, que vendía una linterna de 190 lumen por $20 en Amazon. ¡Un día, caminando en Costco vi que Duracell vendía tres linternas de 300 lumen por $30! Después de asegurarme de que las linternas Duracell usaban baterías AA, me convencieron. Así que compra varias linternas de lumen alto que usen baterías AA o AAA; compra más de las que crees que necesitarás.

Otra ventaja de tener linternas bien cargadas es que te permitirán trabajar durante la noche, lo que de otra forma tendrías que hacer durante el día. Eso puede representar una diferencia. Pero no me creas a mí. El siguiente es el testimonio de un Marino quien te puede decir lo importante que es una linterna cuando estás en territorio hostil:

Cal, en tu libro de artículos esenciales para los preppers, espero que hagas énfasis sobre la importancia de las linternas y baterías recargables. Déjame contarte un incidente que me ocurrió en Afganistán, donde estuve asignado con el Cuerpo de Marinos en el 2013.

Era el oficial de logística en un pequeño equipo de 20 Marinos, asignados a una Base de Operaciones Avanzadas, con una unidad del ejército afgano a la que estábamos entrenando, en medio de territorio controlado por los talibanes. Los americanos vivíamos en un edificio que contenía cámaras, luces, radios e incluso computadoras en nuestra pequeña oficina. Todos los equipos de la base eran alimentados por dos generadores de diesel. Un día estaba trabajando en nuestra pequeña oficina cuando todas las luces y computadoras se apagaron. Treinta segundos después, uno de mis Marinos abrió la puerta de golpe y me gritó: "¡Tenemos un problema, Señor!". Me llevó rápidamente a los generadores, que estaban incendiados, echando humo, y disparaban chorros de aceite caliente al suelo.

Encontré una radio de respaldo rápidamente y contacté a nuestro cuartel general, el cual se encontraba a 100 kilómetros de distancia. Afortunadamente, pudieron enviarnos dos generadores nuevos de inmediato por vía aérea hasta una base británica cercana para que los buscáramos en convoy. En una operación que duró toda la noche, la mitad de nuestro equipo hizo guardia en nuestra Base de Operaciones Avanzadas, protegiéndonos de un posible ataque, mientras la otra mitad iba a recoger los generadores.

Durante la carga, el transporte, la descarga, y la instalación de los nuevos generadores, nuestras herramientas más importantes fueron nuestras linternas. Utilizando baterías recargables, nuestras pequeñas linternas nos permitieron mantener un perímetro temporal mientras los sistemas de seguridad estaban caídos y fueron esenciales para poder trabajar durante la noche tanto con equipos pesados como con paneles de control pequeños. Varias semanas antes de este incidente, habíamos recibido un paquete de asistencia de una organización sin fines de lucro llamada Luces Para Los Marinos (*Lights For Marines*). Le dieron a cada miembro del equipo una linterna compacta *Foursevens Quark Pro*, la cual era muy útil porque poseía un clip que le permitía ser ajustada al ala de un sombrero, lo que nos permitió iluminar el área y mantener nuestras manos libres al mismo tiempo.

Afortunadamente, no fuimos atacados durante esa noche vulnerable en la provincia Helmand, y volvimos a estar en línea en la mañana. Nuestras linternas y baterías recargables tal vez hayan salvado a nuestra Base de Operaciones Avanzadas esa noche, y sigo usando y apreciando mi linterna ahora que estoy a salvo en mi país. Espero que tus lectores preppers consideren las necesidades similares que enfrentarán si ocurre un desastre. Las linternas y baterías recargables son muy importantes.

--Capitán Paddy Timmons, USMC 2009 - 2014

Y hablando de baterías recargables, Eneloop es la mejor marca. Estas baterías son, con mucha diferencia, las mejores que he visto en el mercado. Debes fijarte en el número de recargas que soporta la batería y la vida útil durante la cual puede ser cargada. La última versión de Eneloop puede ser recargada 2.100 veces, y cuando tienen cinco años, todavía poseen 70% de su carga. En este aspecto, las cifras reportadas por Eneloop son más altas que las equivalentes de otras marcas de baterías recargables; ni siquiera se acercan. Así que ten una reserva de baterías AA y AAA de Eneloop. Son un poco más caras que las Energizer o Duracell, pero valen la pena.

Debes tener en cuenta que la vida de las baterías recargables depende de la temperatura a la que sean almacenadas. Asegúrate de almacenar tus baterías recargables en el lugar más fresco posible. Una batería guardada en un sitio caliente no durará lo mismo.

En cuanto a recargar estas baterías, si todavía tienes electricidad en casa, no hay problema. Muchas veces Eneloop vende estas baterías con un cargador de pared. Si no puedes adquirir un cargador de pared con tus baterías Eneloop, compra un cargador de baterías La Crosse. Son duraderos, y son los mejores para recargar baterías. A diferencia de otros cargadores de batería, cargan cada batería de forma independiente, y se apagan cuando una batería está completamente recargada. Los cargadores La Crosse cargan baterías AA y AAA, y son un poco más costosos. Uso el modelo básico de $30, y estoy muy feliz con él.

Mi cargador La Crosse también trajo un adaptador para vehículos, de forma que puedes cargar baterías recargables en tu vehículo o en cualquier cargador tipo encendedor de cigarrillos de 12 voltios. Para un estilo de vida aislado o una situación de SHTF, sería una buena dieta enchufar uno de estos cargadores La Crosse a un cable de extensión con conector para encendedor de cigarrillos, y a su vez conectarlo a una batería de vehículo que se recargue con paneles solares. De hecho, éste es uno de mis planes futuros.

Pero es posible aprovechar la energía solar para recargar estas baterías con un sistema comercial. Aunque hay otros cargadores de baterías en el mercado, el que más me impresiona es el cargador solar de baterías Goal Zero. El panel solar es pequeño y flexible, y está hecho para ser extendido a lo largo de una mochila. El panel solar carga una unidad de carga de baterías separada, la cual posee un puerto USB para que puedas cargar simultáneamente tu Kindle o teléfono inteligente. Es una unidad genial, y no tarda mucho en recargar tus baterías.

Estos cargadores solares de baterías Goal Zero son caros, costando más de $110 en Amazon. Pero sin importar cuál sea, las linternas son muy importantes, y necesitan baterías recargadas para hacer su trabajo. Por esta razón animo a todos a tener una reserva de linternas de lumen alto, baterías AA y AAA Eneloop, y cargadores, tanto Goal Zero como La Crosse. La iluminación nocturna es uno de los pilares fundamentales de tus preparaciones.

Por último: mantente alejado de artículos que contengan una batería recargable interna, como las linternas y radios recargables. Pueden parecer una gran oferta, pero no lo son. Las baterías de estos productos no pueden ser reemplazadas, y no son tan buenas como las baterías Eneloop. Es mejor utilizar linternas y radios que usen baterías AA o AAA, que puedan ser reemplazadas con otras baterías cuando se dañen.

Vehículos Curiosos

Si eres como yo, ansías comprar la camioneta prepper más grande y poderosa, levantarla unas pulgadas, y pintarla de camuflaje o de negro. Incluso si no portas armas, planeas instalar un bastidor de armas sólo para verte bien. El resultado final será un vehículo cargado de testosterona que destacará entre los demás y será lo primero que te roben cuando haya un desastre prolongado y toda ley haya desparecido. Despúes tendrás que caminar o pedir un aventón a todos lados.

Jim Rawles sugiere comprar un vehículo de apariencia modesta, visiblemente usado para no atraer atención, y tiene razón. Iría un poco más lejos al sugerir que como vehículo prepper, compres uno de los vehículos más curiosos de la década de los 60 e inicios de los 70.

Un vehículo de los 60 o 70 no cumple con las leyes de regulación de humo y contaminación, así que su mantenimiento será muy barato. Y en los vehículos de esa época, los arreglos, el cambio de aceite, y otros tipos de mantenimiento son muy sencillos y fáciles.

Si estás trabajando con un grupo de personas y se encontrarán en un campamento, consideren ponerse de acuerdo en un solo vehículo, como un Ford LTD 1970, de forma que todos puedan utilizar partes de los demás en caso de ser necesario.

Además, lo ideal es un vehículo de cuatro puertas. En caso de emergencia, puedes dormir y almacenar muchas de tus pertenencias en él, y sobrevivir de esa forma. Un vehículo grande de los 1970 puede albergar a cuatro adultos cómodamente, sin incluir la maletera, en la que puedes meter maletas llenas de ropa y suministros.

Otra prioridad sería buscar vehículos del mismo estilo, pero de marcas más económicas. Chevrolet en lugar de Cadillac, Ford en lugar de Lincoln o Mercury, y Dodge en lugar de Chrysler. De esta forma, tendrán menos artículos electrónicos que no se puedan reparar cuando se dañen.

Por ejemplo, comparemos el Chevrolet Impala de inicios de los 70 con el Cadillac Sedan DeVille de la misma época. Tienen el mismo chasis, pero el Chevrolet tiene ventanas manuales y su maletera cierra de forma manual; en cambio, el Cadillac tiene ventanas eléctricas y un sistema de maletera en el cual sólo debes cerrarla unas pulgadas hasta escuchar un "click", y después la maletera termina de cerrar electrónicamente. Si los repuestos fuesen un problema, el dueño del Cadillac no podría operar las ventanas y la maletera, mientras que el dueño del Chevrolet sí podría.

Una de las cosas que nos preocupa a los preppers es la posibilidad de un pulso electromagnético, o "EMP" por sus siglas en inglés, el cual, ya sea proveniente de un país forajido que haga explotar una bomba nuclear en nuestra atmósfera, o del sol en un evento llamado "eyección de masa coronal" o "CME" por sus siglas en inglés, freirá la mayoría de los artículos electrónicos. De hecho, se dice que un EMP sería un "primer ataque" normal y aceptable de una invasión masiva, si llegase a ocurrir, por parte del ejército de los Estados Unidos o de cualquier país que posea esa capacidad. Un vehículo con pocos electrónicos, como los fabricados antes de 1967, tienen más probabilidades de funcionar después de un EMP o CME. Supuestamente, mientras más antiguo sea el vehículo, mayor su posibilidad de sobrevivir a un EMP o CME.

Y si piensas que es una preocupación tonta, recuerda que sucedió un CME en 1859, llamado el "Evento Carrington," que dañó los pocos artefactos electrónicos que existían en la época. También se ha reportado que en julio del 2012, la Tierra esquivó por poco una erupción solar que hubiese causado otro CME. Si la erupción solar hubiese ocurrido una semana antes, hubiese freído la red eléctrica de la Tierra y todavía estuviésemos reparando los daños.

De forma que la mecánica de un vehículo debería ser lo más sencilla posible. El tipo de combustible que use también puede ser un problema. Honestamente, almacenar más de unos cuantos galones de combustible constituye una bomba en potencia. La gasolina es explosiva e inflamable, y es muy peligroso almacenarla. Por esta razón, los vehículos de diesel pueden ser una buena alternativa. Almacenar diesel no es tan peligroso.

También existe un proceso mediante el cual puedes hacer tu propio diesel, llamado biodiesel. Este método está fuera del ámbito de este libro, pero es posible comprar el equipo y la materia prima necesarios para crear diesel a partir de aceites vegetales y de otros tipos. A veces, el resultado requiere que modifiques ligeramente tu motor. ¡He visto publicidad de plantas caseras para fabricar biodiesel que lo producen por un costo de 30 centavos por galón!

Como escribí anteriormente, deberías adquirir un carro poco atractivo, o un carro que una patrulla en una barricada no quiera robarte. Una bonita camioneta 4x4 con mejoras sería lo primero que los asaltantes te quitarían a mano armada. En cambio, un curioso Dodge Polara 1971, o un Buick Centurion, por ejemplo, o prácticamente cualquier vehículo AMC de esa época (¡no me hagas hablar de lo feos que eran los vehículos AMC!), especialmente con algo de óxido y pinturas disparejas, tendrán menos posibilidades de ser robados.

Un carro así pudiese estar en condiciones mecánicas perfectas, pero si tiene una apariencia curiosa, es menos probable que te lo quiten. Puedes hacer otras cosas para disminuir las posibilidades de que sea robado: pintura dispareja, como tener una puerta pintada de base gris, haría que el vehículo sea aún menos atractivo. Además, si tu vehículo tiene una parrilla frontal, quítala. Las parrillas sólo sirven para desviar rocas a altas velocidades, lo cual no es una preocupación durante un colapso prolongado. Un vehículo sin parrilla funcionará perfectamente, y se verá más feo.

Si el carro tiene tapas en los rines, remuévelas. Sería una forma fácil e inocua de hacer que tu vehículo sea menos atractivo.

Una última cosa que debes saber sobre la mecánica de un vehículo de esa época: la carrocería puede ser horrible, pero si el motor funciona bien, cubre tus necesidades básicas de transporte. Uno de los trucos que puedes usar con un vehículo alimentado por gasolina de los 60 o inicios de los 70, es remover temporalmente los cables de la bujía de la tapa del distribuidor. De esta forma, el motor funcionará bien pero sonará mal. Cualquier persona que quiera robar un vehículo a mano armada probablemente prefiera uno cuyo motor suene mejor.

Con respecto a la pintura: si te tienta la idea de pintar tu vehículo con camuflaje militar real, no lo hagas. Esto sólo haría que el vehículo sea más atractivo para las personas que lo quieran robar. Si quieres tener un vehículo que se pueda disimular en tu propiedad y no se vea desde afuera, considera pintarlo con pintura camuflaje comercial en spray. Si no puedes conseguir camuflaje, pinta el vehículo de verde o color pardo, dependiendo del entorno de tu propiedad.

Finalmente, asegúrate de que el tubo de escape sea silencioso; esto te permitirá conducir y movilizarte atrayendo menos atención.

Motocicletas

Poseer una motocicleta ligera con neumáticos de tierra, también conocidas como "*dual sport*", también sería una buena idea. En mi opinión, la cilindrada debe ser 350cc o menos. No hay muchas motocicletas disponibles de los 60 e inicios de los 70, así que en caso de ocurrir un EMP o CME, tal vez no tengas suerte. La motocicleta debe parecer desgastada para ser menos atractiva, pero asegúrate de mantener el escape en buenas condiciones. Puedes salir del camino con una motocicleta con un buen escape sin atraer mucha atención, pero una motocicleta con el escape dañado llamará la atención a kilómetros a la redonda. También he notado que mientras más antigua sea la motocicleta, el escape está más alto. Así que si le das un aventón a alguien, es más probable que sufran una quemadura severa en la pierna con una motocicleta vieja.

La mayor ventaja de una motocicleta consiste en su velocidad y agilidad; un motociclista puede llegar rápidamente a su destino, y esquivar casi cualquier obstáculo. Para las motocicletas con motores menores a 350cc, el kilometraje de la gasolina es al menos de 80, y a veces hasta de 130 kilómetros por galón. Una motocicleta "dual" puede viajar fuera de las carreteras y en autopistas. Y, como se ha demostrado en muchos países subdesarrollados, hasta cinco personas pueden sujetarse a una motocicleta en marcha.

Por supuesto, las motocicletas no son perfectas. Su agilidad las hace menos seguras que un vehículo. Si alguien dispara a un motociclista, no hay mucha protección entre la bala y el conductor. Además, a diferencia de un vehículo, la motocicleta no puede llevar mucha carga.

Existen formas de solucionar esto. Se puede añadir alforjas a las motocicletas, las cuales pueden llevar algo de carga. Además, es posible crear un tráiler que se conecte a la parte trasera de una motocicleta. Para hacer esto, probablemente necesites comenzar con tráiler hecho para vehículos todoterreno, y solar una extensión a la motocicleta, justo encima de la matrícula.

Paracord

Este es un artículo bueno y barato. Originalmente usado en la II Guerra Mundial por paracaidistas, el paracord ha demostrado ser muy útil en muchas situaciones tanto para campistas como para militares.

El "Paracord 550," como es conocido, ha demostrado que puede soportar 550 libras (250 kilogramos). Si lo separas verás que está formado por hebras individuales, las cuales también puedes usar.

El paracord tiene muchos usos. Estos son algunos ejemplos: se puede utilizar para apoyar una tienda de campaña entre dos árboles, o para reemplazar cordones de zapato. El paracord también se puede usar como cuerda para secar la ropa. Cuando una mascota pierde su collar o correa, el paracord puede ser usado como substituto. Si alguien sufre una herida extensa, el paracord sirve de torniquete. Puedes usar paracord para colgar comida de un árbol de forma que los osos no la alcancen. También puedes usar paracord para hacer una hamaca.

Las fibras internas pequeñas del paracord también pueden ser usadas como hilo de coser, hilo dental, y sedal de pesca. Si estás en un apuro, las fibras internas del paracord pueden usarse para suturar cortes y heridas.

Encontré aproximadamente 30 metros de paracord en oferta en Amazon por $9, así que no existe una razón por la que no debas almacenar un poco. Y el paracord que venden en Amazon y en eBay es hecho en los Estados Unidos.

Si buscas en eBay, conseguirás que muchas personas crean y venden diferentes cosas hechas con paracord. Puedes encontrar cinturones, brazaletes, llaveros, mangos para cuchillos y correas de reloj hechas de paracord. La ventaja de tener un brazalete de paracord, por ejemplo, es que si necesitas hacer senderismo para llegar a casa, y debes acampar durante la noche, puedes deshacer el brazalete y usar el paracord.

Los brazaletes de paracord se pueden colocar alrededor de diferentes cosas, de forma que no te estorben. Mantengo un brazalete alrededor de mi botella Berkey. También tengo un brazalete de paracord en mi mochila de emergencia, conectando diferentes artículos a la mochila como si fuera un cordón.

En conclusión, a pesar de que es económico en la actualidad, el paracord es uno de los artículos que serán muy valiosos en una situación SHTF.

Formas de Protección

¿Alguna vez has visto los videos en YouTube que muestran lo que sucedió en Nueva Orleans después del huracán Katrina en 2005? Los ciudadanos contaban con sus pistolas para protegerse, como si la Segunda Enmienda de la Constitución de los Estados Unidos garantizara esas cosas. ¡Ingenuos, el derecho a portar armas sólo está garantizado en teoría!

Pero en realidad, la Segunda Enmienda está incluida en la Constitución por una razón; aparentemente, a los poderosos nunca les llegó esa información. O tal vez deciden ignorar ese derecho cada vez que pueden.

Si entras en YouTube y buscas videos relacionados con Katrina y el porte de armas, te sorprenderás al ver a policías y guardias nacionales tocando puerta a puerta, confiscando armas de fuego perfectamente legales. Eran personas que estaban en casa, sin hacer nada malo. Por supuesto, hubo algunos saqueos después del huracán, pero las armas fueron confiscadas bajo la teoría de *tal vez* sus dueños las utilizarían de forma ilegal.

Hubo una anciana, Patricia Konie, quien estaba siendo entrevistada por la prensa *una semana* después del huracán cuando la policía llegó inesperadamente a su casa. Frente a las cámaras que estaban grabando, la policía le ordenó salir de su casa, y cuando vieron que portaba un pequeño revólver, se abalanzaron sobre ella, le quitaron la pistola, la golpearon en la cara, y la lanzaron al suelo. Entre otras lesiones, la Srta. Konie sufrió una fractura de hombro. Fue arrestada, y enviada a prisión durante unas horas antes de ser liberada sin cargos. "Pensé que iban a materme," dijo después.

¿Qué crimen cometió esta mujer? Estaba dentro de su casa cuando sucedió un desastre en las cercanías. ¡Eso fue todo! Las autoridades utilizaron eso como excusa para entrar a su hogar sin una orden (eso hubiese sido mucho lío, claro), y exigir que entregase cualquier arma que hubiese podido usar para defenderse.

Esto se conoce como "estado de derecho excesivo," o EROL por sus siglas en inglés, y existe la posibilidad de que ocurra en todos los escenarios de desastres prolongados o situaciones SHTF. En un desastre futuro, sería ingenuo pensar que no sucederá esto. Ya me puedo imaginar lo que dirán: por la "seguridad pública," deben confiscar las armas de fuego de "criminales potenciales" quienes "no tienen necesidad" de poseer "armas peligrosas como estas." Y si el arma tiene ciertas características, o es completamente negra, puede ser considerada un "arma de asalto." El gobierno, o lo que quede de él, podrá protegernos mejor si tiene un monopolio sobre las armas. Por nuestro propio bien, claro.

Por esta razón, sugiero que compres y almacenes armas que no sean de fuego, la mayor cantidad posible. Específicamente hachas, machetes, cuchillos, palancas, arcos y flechas, ballestas, y cualquier otra cosa que puedas utilizar para protegerte si ilegalizan el porte de armas. El spray pimienta, y los sprays para avispas y avispones también son útiles. Cualquier persona que se imagine protegiéndose a sí mismo y a su familia sólo con armas de fuego está viviendo una fantasía.

Específicamente, los machetes son muy útiles, no sólo como forma de protección sino también para otros fines. En otros países, los machetes son vistos como un arma extremadamente útil, como mi amigo Paul Hammond me escribió recientemente:

> Cal, deberías escribir sobre la importancia de tener armas de defensa que no sean armas de fuego, especialmente si los tiempos son muy difíciles y el gobierno confisca todas las armas de fuego. Como todos sabemos, en situaciones extremas, el gobierno puede exhibir un "estado de derecho excesivo," o EROL. Me refiero a una situación en que las armas de fuego sean confiscadas a la fuerza o como intercambio por artículos necesarios como alimentos y/o agua potable. En caso de una emergencia nacional

prolongada, los alimentos y el agua potable serán más vitales que las armas. Si alguna vez nos encontramos en esa situación, creo que la mejor arma multiuso que podemos tener es el machete. Espero que me escuchen.

Como estadounidense, he pasado años viviendo en varios países en vías de desarrollo. Y puedo decirte que en países desde Jamaica a Guatemala, pasando por Nicaragua, el machete es la herramienta por excelencia. Este instrumento multiuso es muy ligero, puede ser enfundado para llevarlo contigo, mantiene su filo durante mucho tiempo, y puede afilarse con tan sólo una piedra de afilar en cinco minutos. He visto campesinos jamaiquinos talar un árbol de 10 centímetros de diámetro en menos de un minuto, y luego podar parte de ese árbol para hacer leña. A pesar de ser sólo un poco más grande que un cuchillo Bowie, puedes usarlo para filetear un pescado, protegerte de las serpientes, cortar vegetación suficiente para hacer un refugio, y abrir un coco (lo cual es esencial en esta parte del mundo donde no se consigue agua potable).

Entre todos los usos que tiene un machete, también es muy bueno para defenderte. Me han amenazado con una pistola en los Estados Unidos, y con un machete en Jamaica. Puedo asegurarte que la idea de ser atacado con el machete es mucho más atemorizante que la de recibir un disparo. Al menos con una pistola existe la posibilidad de que el atacante no acierte el disparo, o que la pistola se atasque, o que el disparo no alcance un órgano vital. En cambio, incluso un ataque no letal con machete puede ser muy feo, y tardarás mucho tiempo en recuperarte.

Cal, te insto a ti y a todos los preppers, a no pasar por alto al machete como una herramienta que debe formar parte de tus preparaciones. He visto en persona lo que pueden hacer, y ahora siempre tengo un machete junto a mi cama, por si acaso.

--Paul Hammond

Ahí lo tienes: las armas de fuego son importantes, y tenemos derecho a poseerlas como ciudadanos estadounidenses, pero sería prudente almacenar armas que no sean de fuego, incluyendo machetes. Los cuchillos, palancas, arcos y flechas, y ballestas también son una buena adquisición. Acabo de buscar en Amazon, y un machete Gerber de 63 centímetros, con una funda incluida, cuesta sólo $13. El lado contrario de la hoja es una sierra, así que también puedes usarlo para cortar madera.

Mantener cualquier hoja afilada también es importante. Para hacer esto, me gusta el *Smith's Pocket Knife Sharpener,* que cuesta $9 en Amazon.

También he notado que Amazon vende una palanca de 45 centímetros, la cual por alguna razón también llaman "barra demoledora", hecha por Tekton, por $8. Además de utilizarla para defenderte, las palancas pueden ser usadas para entrar a edificios abandonados.

Un último consejo sobre este tema: busca ofertas para palas, hachas y picos en las ferreterías. Acostúmbrate a hacer esto. Cada vez que vayas a una ferretería, pasa por el pasillo de las palas y busca ofertas. Si puedes adquirir una pala por menos de $7, cómprala y agrégala a tu colección de palas.

En nuestra casa, dado que vivimos en el campo, intentamos tener palas redondas alrededor de la casa, reclinadas contra las paredes. De esa forma, si algún miembro de mi familia encuentra una serpiente, puede agarrar una pala rápidamente y matarla. Y quién sabe, si un león de montaña quiere atacarnos (nunca nos ha sucedido, pero un león de montaña mató al cordero de un vecino), una pala sería una buena forma de protección, y ciertamente sería mejor que no tener nada a la mano. Además, hay una parte del libro de Revelaciones (Rev 6:8) que dice que al final de los tiempos, las bestias salvajes de la tierra matarán a las personas. Prefiero estar preparado para algo así.

También puedes utilizar una pala para excavar, claro.

Lo mismo pasa con las hachas. Dependiendo del desastre, puede no haber gasolina o máquinas disponibles para cortar madera y mantenerte tibio en invierno. Por esta razón, deberías tener varias hachas a la mano.

Y hablando de utilizar palas para defenderte, hay una pala plegable que tiene una cuchilla en uno de los laterales. Gerber fabrica una, y cuesta unos $42 en Amazon. Es una pala excelente, y su peso y mango son perfectos para usarla como método de defensa. Compré un soporte de nylon para esta pala, así que puedo plegarla e insertarla en el soporte de nylon, el cual puedo sujetar a mi bolso.

Pero deberías tener una reserva de estas cosas. Pudiera darse el caso de que te encuentres con un grupo de personas, o tu familia, teniendo que huir de casa, y necesitarás que esas personas estén armas, aunque sea con armas blancas. Este debería ser el "Plan B" de todos para defenderse.

Hornos Holandeses

No estoy seguro de si estos hornos son originarios de Holanda, o de dónde proviene su nombre, ¡pero son geniales!

Un horno holandés básicamente es una gran olla de hierro fundido, que puedes poner en medio del fuego y cocinar tu comida a través del calor del ambiente o de los carbones del fuego que la rodea. Las tapas están hechas para poner más carbones sobre ellas. En un campamento, esto es lo más parecido a un horno que encontrarás.

Todos los preppers deberían familiarizarse con los hornos holandeses. En caso de un colapso prolongado, o una situación de SHTF, deberías preparar todas tus comidas en uno de estos hornos. Sí, todas tus comidas.

El único inconveniente de los hornos holandeses no es realmente un inconveniente sino una característica: la "sazón." Para sazonar un horno holandés, debes untar su superficie con aceite, grasa del tocino, o manteca y cocinarlo a 350 ºF (176 ºC) en un horno normal durante una hora. Esto es bastante complicado y hace que la casa se llene de humo. Y después de cocinar en el horno holandés, puedes utilizar agua tibia para limpiarlo, pero no debes usar jabón puesto que puede retirar la sazón del hierro.

Los hornos holandeses fabricados por Lodge usualmente cuestan $65 en Walmart. Compramos uno, lo sazonamos, y comenzamos a usarlo inmediatamente. No tienes que usarlo necesariamente sobre una fogata, así que nosotros lo usamos primero en la estufa, y luego en el horno.

Hemos preparado un guiso de carne excelente. Primero, doramos algo de carne en el horno holandés sobre la estufa. Después, agregamos una lata de maíz entero, con el agua de la lata, una cebolla picada, una bolsa pequeña de zanahorias cortadas, dos papas cortadas, y una lata de frijoles verdes. Lo condimentamos, y lo cocinamos en el horno a 350 °F durante noventa minutos. Le añadimos sal y pimienta al gusto. El resultado es un guiso de carne excelente, ¡parecía que hubiésemos usado una antigua receta familiar! Estaba tan bueno, ¡que incluso las sobras fueron devoradas por alguien en la casa el día siguiente!

Estas son algunas de las recetas que usado en el horno holandés:

Chili de Carretera:

Ingredientes:

2 libras de carne molida
1 cebolla picada
1 diente de ajo picado
12 onzas de tomates cortados en cubos
1 hoja de laurel
3 jalapeños cortados finamente, sin semillas ni nervaduras
12 onzas de jugo V8
2 cucharaditas de sal
2 cucharaditas de pimienta con limón
2 cucharaditas de pimienta negra
2 cucharaditas de chile en polvo
1 cucharadita de comino

Instrucciones:

Cocine la carne molida, cebolla, ajo, y sal. Retire la grasa. Agregue el V8, la hoja de laurel, tomates, pimienta, chile en polvo y comino.

Tape y cocine por 2 horas y media, revolviendo cada media hora.

Retire la hoja de laurel y sirva,

Desayuno Ojai

Ingredientes:

1 cebolla mediana cortada en cubos
16 huevos
1 libra de tocineta, picada
1 papa pequeña, picada
2 tazas de queso rallado (cheddar, preferiblemente)
Sal y pimienta al gusto
Pimienta cayena al gusto

Instrucciones:

Dorar la tocineta picada sólo calentando la parte inferior, sin colocar la tapa. Revolver ocasionalmente, y antes de que la tocineta esté lista, añadir la cebolla y saltear con los jugos de la tocineta hasta que la cebolla comience a volverse transparente. Agregue los huevos y la papa. Revuelva, y lentamente mezcle los huevos hasta que tengan la consistencia deseada. Añada sal, pimienta, y pimienta cayena al gusto. Retire del fuego, agregue el queso y sirva.

Abejas Melíferas

¡Almacena azúcar! Cuando intentes sobrevivir cocinando tu propia comida a la intemperie, o en un apagón eléctrico, será muy útil tener algo para endulzar tu comida. Si compras cantidades grandes, el azúcar es bastante barata; además, tiene una vida media extremadamente larga, si la mantienes en un lugar fresco, oscuro, y seco.

¿Pero has pensado en almacenar abejas melíferas? La miel es un recurso renovable, lo que significa que tu reserva se puede regenerar cada cierto tiempo. Una vez que hayas terminado tu provisión de miel, sólo debes robarle un poco más a las abejas. A menos que tengas una plantación de caña de azúcar cerca, no puedes renovar tu reserva de azúcar de la misma forma.

Primero que nada, es bueno tener abejas cerca. Polinizan a tus plantas rápidamente. Recuerdo que cuando mi esposa no escuchó mis consejos y compramos nuestra primera colmena de abejas, teníamos un arbusto de rosas blancas cerca de la puerta de nuestro patio trasero. Crecía en un lecho elevado que estaba hecho de rocas y concreto. En un año, ¡el arbusto había crecido tanto que era muy grande para el lecho! ¡En serio, las rocas se estaban saliendo de la pared del lecho, y el concreto se estaba agrietando! ¡Tuvimos que reconstruir el lecho por culpa de las abejas!

La polinización de las abejas ayuda a las plantas a crecer. Es por esto que siempre verás las cajas blancas de las colmenas cuando pases cerca de una granja.

No confundas las abejas con avispas o avispones. Cuando un insecto volador pica a alguien, todos asumen que fue una abeja, lo cual es posible. Pero las avispas y avispones tienen aguijones con los que pueden picar todo el tiempo, mientras que una abeja sólo puede usar su aguijón una vez. Después de usar su aguijón, la abeja muere. Así que las abejas son más selectivas a la hora de picar.

A las abejas les interesa más recolectar néctar para transformarlo en miel para la colmena. Y dado que recolectan néctar al mismo tiempo que recolectan polen, la miel ayuda a tu cuerpo a lidiar con las alergias. En mi experiencia, esto no sucede de inmediato. Si sufres de alergias, no tendrás un alivio inmediato al comer miel. Es un beneficio a largo plazo.

Hace muchos años, después de mudarme al campo, la primera primavera fue muy difícil. ¡Nunca me habían picado los ojos ni me había dolido tanto la garganta como en ese entonces! Había escuchado sobre la relación entre la miel y las alergias, así que me aseguré de comer algo de miel local al menos una vez a las semanas durante varios meses. Muchas veces, agregaba algo de miel a mi café por la mañana. Y la primavera siguiente, mis alergias estaban bajo control. ¡Sí funciona!

Pero asegúrate de comprar miel local, no miel de sitios lejanos. Algunos tipos de "miel" que se encuentran en el mercado en realidad son geles azucarados que no se parecen en nada a la miel verdadera. E incluso si consigues miel de un lugar remoto, no te ayudará a combatir tus alergias, puesto que son específicas a tu zona. Asegúrate de comprar miel de tus alrededores inmediatos, o al menos, de un condado cercano.

La miel también es un antibacteriano natural que puede aplicarse a cortes y quemaduras para ayudarlos a sanar. La próxima vez que sufras una herida pequeña, en lugar de usar crema antibacteriana, intenta aplicar un poco de miel y luego una curita. Notarás que la herida sana más rápido.

También he escuchado historias de personas con diabetes severa, cuyos dedos o extremidades se estaban necrosando por la falta de circulación, y se aplicaron miel para prevenir la extensión de la gangrena.

Además, al cosechar la miel, también podrás extraer cera que sirve para hacer velas. En medio de un apagón eléctrico, cualquier cosa que ayude a mantener la iluminación es muy importante.

La cera de las colmenas también puede ser usada para recubrir y preservar quesos. En una situación donde no haya refrigeración, esto sería muy útil.

La miel y la cera pueden ser intercambiados. Hace algunos meses, compré 24 contenedores de 8 onzas (225 gramos) para almacenar la miel que cosechamos de nuestras abejas. Me pareció que pagar $26 dólares por ellos fue un poco excesivo, pero mientras almacenábamos la miel, sabía que algún día la podré intercambiar. Un contenedor de 225 gramos es pequeño, pero no diminuto. Se siente como tener dinero en el banco.

Y la miel tiene una vida eterna. ¡Nunca se daña! Supuestamente, numerosos exploradores han encontrado jarras de miel o panal en las tumbas de los antiguos reyes egipcios. Y a pesar de los milenios que han pasado entre la recolección de esta miel y su descubrimiento, ¡todavía era apta para consumir! Incluso si se cristaliza, sólo debes calentarla y podrás comerla como si nada.

Como mencioné anteriormente en este libro, mantener el ánimo debe ser un aspecto importante de tus preparaciones. Y si eres una persona que aprecia tomar algo de alcohol, deberías saber que la miel puede mezclarse con algo de agua y levadura, y se fermentará formando un vino llamado "aguamiel." Lo he probado, y aunque no sería mi primera elección para acompañar un poco de queso y galletas, sigue siendo agradable. Si quieres probar un poco antes de prepararlo, pídelo en una licorería. El aguamiel cuesta aproximadamente lo mismo que el vino.

Por último –y esto es algo que no he probado, pero que suena interesante-: las abejas melíferas pueden ser usadas como defensa. La idea suena intrigante. Supón que hay una entrada a tu propiedad que quieres mantener segura. Pudieras instalar un par de colmenas ahí, y una persona normal observaría las abejas y mantendría una distancia prudente. Incluso pudieras dejar algunos platos de agua azucarada para asegurarte de que las abejas permanezcan en el lugar.

Es por esto que las abejas melíferas y su producción de miel y cera deberían formar parte de tus preparaciones. Aunque requieren una inversión inicial, ¡es renovable y barato!

Aunque no me entusiasma el tamaño y el precio de este tarro (un poco más de un dólar por unidad), este pequeño frasco de 225 gramos es perfecto para almacenar.

Antibióticos para Peces

Este artículo entra en la categoría de "mientras duren", porque no creo que haya forma de que duren mucho tiempo. No soy doctor ni farmaceuta, y tengo buena caligrafía, lo cual asegura mi desconexión total del gremio médico. Pero no tienes que creerme a mí. He visto muchos videos en YouTube y blogs que alegan que los antibióticos que se venden para los peces de acuario son los mismos que utilizan los humanos. En uno de los videos de YouTube que vi el Dr. Bones, también conocido como Dr. Joe Alton, comparaba las píldoras administradas a peces y a humanos, y el nombre del fabricante y los códigos en las píldoras eran idénticos. Como dije, es imposible que esto dure mucho antes de que el gobierno lo ilegalice.

Los antibióticos se pueden utilizar para tratar toda clase de enfermedades: amigdalitis, infecciones del tracto urinario, infecciones renales, diarrea, ántrax, neumonía y bronquitis, entre otras. Nota que todas son infecciones bacterianas. En infecciones virales, como los resfriados comunes, los antibióticos son inútiles.

Cuando compres estos antibióticos, notarás que los nombres no son lo que esperas. *"Fish Pen"* y *"Fish Pen Forte"* son realmente penicilina, y *"Fish Flox"* y *"Fish Flox Forte"* son ciprofloxacina. (Por cierto, es bueno tener algo de Cipro a la mano, en caso de que reaparezca el terrorista del ántrax de 2001). Al igual que con los antibióticos de uso humano normales, las tabletas contienen dosis diferentes, entre 100 y 500 mg.

La enfermera Amy y el Dr. Bones, en la página web doomandbloom.net, han hecho una buena evaluación de los antibióticos para peces. Debes investigar sobre estos antibióticos, no sólo los tipos que puedes obtener, sino además la dosis necesaria para cada enfermedad. Es un poco complicado.

También debes educarte sobre los problemas causados por el mal uso de los antibióticos. Es por esto que son medicamentos regulados. Algunas personas son alérgicas a varios antibióticos, y algunos no son seguros durante el embarazo. Tomar demasiados antibióticos puede desarrollar bacterias resistentes, las cuales no se verán afectadas por los antibióticos en el futuro. Además, el abuso de los antibióticos puede causar una forma de diarrea inusual y potencialmente fatal, conocida como c.diff.

En conclusión, los antibióticos prescritos por un médico o los antibióticos para peces sólo deben ser utilizados cuando sean realmente necesarios.

Pero tener antibióticos a la mano es mejor que no tenerlos, en especial durante una situación de SHTF prolongada. Hace unos años, History Channel estrenó una película llamada *Después del Armagedón*, en la cual uno de los personajes sobrevivía a una serie de obstáculos apocalípticos, sólo para (¡spoiler!) morir por una infección de la sangre relativamente sencilla. Era obvio que hubiese sobrevivido si hubiese tenido antibióticos disponibles. Pero el personaje, como toda la gente en la actualidad, nunca pensó en almacenar antibióticos.

Así que sé inteligente y considera seriamente estudiar y almacenar antibióticos para peces. En una verdadera situación de SHTF, no tendrás un doctor cerca para aconsejarte y prescribir medicamentos. Una buena página web para comenzar es Fishmoxfishflex.com. Campingsurvival.com también tiene algunos antibióticos para peces. Como la mayoría de las cosas importantes para un prepper, los antibióticos deben ser almacenados en un lugar fresco y oscuro para prolongar su vida media.

Juegos de Mesa y Entretenimiento

Realmente detesto los juegos de mesa - ¡no los soporto! Mi familia puede atestiguar que cuando me veo obligado a unirme a un juego de mesa, pierdo a propósito, aumentando así la probabilidad de no tener que unirme al juego la próxima vez.

Pero las cosas son diferentes en una situación de SHTF. Si formas parte de un grupo de personas que se retira a las montañas, o si hay un apagón eléctrico, cuando no estés ocupado asegurándote de que hay suficiente comida y agua, o que tu ubicación es segura, el tiempo pasará muy lento. Tu grupo necesitará algo que hacer para pasar el rato y mantenerse ocupados. Y seamos realistas; sería muy fácil caer en un ciclo de ansiedad y depresión. Mantener los ánimos será muy importante, y tener algunas distracciones disponibles puede representar una gran diferencia.

La buena noticia, al menos para mí, es que no necesitas jugar ningún juego de mesa que acumules para tu refugio. Sólo debes ir a una tienda del Ejército de Salvación, beneficencia, o venta de garaje, y comprar algunos juegos de mesa. Sólo debes asegurarte de que todas las piezas estén completas.

Eso me lleva al próximo punto: evita juegos con muchas piezas, o con dinero de papel (como Monopolio), y juegos que requieran escribir mucho o anotar muchas puntuaciones. Cualquier juego que no se pueda jugar si le falta una pieza no es una buena opción.

El ajedrez y las damas chinas funcionan, siempre y cuando todos sepan las reglas y se puedan reemplazar las piezas fácilmente si se pierde. Se pueden utilizar rocas y tapas de botella como piezas si es necesario.

Las cartas son una buena distracción, y son económicas. Acabo de ver 12 juegos de cartas en Amazon por $7.

Con un juego normal de cartas, puedes jugar Ocho Loco hasta con seis personas, con un mínimo de dos. Es un juego sencillo, rápido que puede jugarse durante horas, o incluso como un torneo. Las puntuaciones pueden sumarse por horas, días, o incluso semanas. El póker también es divertido. También está el Solitario, si nadie más quiere jugar.

En una ocasión, jugué una partida tolerable de Uno con algunas personas. Uno tiene su propio juego de cartas. Hay algunas variaciones usando sólo un juego; así que un juego de cartas Uno, o dos, pueden ser valiosos.

Tener varios dados a la mano también es una buena idea. Se pueden jugar muchos juegos relativamente divertidos con un solo dado, y tal vez necesites a una persona honesta para llevar la puntuación.

Y, por supuesto, ¡siempre se puede jugar a las charadas!

Los instrumentos musicales también ayudan a pasar el tiempo, asumiendo que tienes suficiente espacio para alejarte de un mal músico si es necesario. Las armónicas, acordeones, trompetas, flauta, grabadoras, ukeleles y guitarras son buenos, siempre y cuando tengas cuerdas extra.

Las novelas también ayudan a pasar el tiempo, y el Ejército de Salvación y beneficencias suelen tener muchos libros a precios muy económicos. Recuerda que no es necesario leerlos; sólo debes asegurarte de que no sean obscenos para comprarlos y llevarlos a tu refugio.

Algunas personas acumulan muchos libros en sus Kindles, lo cual puede ser útil durante desastres cortos. Pero recuerda que durante un desastre prolongado o una verdadera situación de SHTF, estos Kindles se quedarán sin batería. Así que serán inútiles a menos que tengas una forma de cargarlos.

Insumos Femeninos

Soy un hombre, así que discutir o aconsejar sobre este tema no sólo es una experiencia nueva, sino que además es un poco incómodo para mí. Espero que me entiendan.

A pesar que las mujeres han usado tampones durante miles de años, la idea de comprar tampones comerciales para utilizar durante la menstruación es relativamente nueva en la historia humana. Hasta hace un par de generaciones, cuando llegaba esa época del mes, la mayoría de las mujeres doblaban trapos y los ajustaban en su zona inguinal, para absorber la sangre menstrual. Puede haber sido algo incómodo, pero en general, funcionaba.

Para una familia o grupo que incluye a una mujer en edad fértil, la meta inmediata podría ser almacenar la mayor cantidad de tampones que sea posible. Y en caso de un desastre corto, esto funcionará perfectamente. Pero recuerda que cada tampón sólo puede ser usado una vez, y que una mujer puede usar varios tampones al día durante su menstruación. Un profesor de la Universidad de Nueva York recientemente estimó que la mujer promedio usa más de 11.000 tampones a lo largo de su vida.

Y en caso de que te lo estés preguntando, intentar limpiar y reusar un tampón es muy inseguro, así que ni lo pienses.

Otra opción es almacenar toallas sanitarias. Estas tienen doble función, puesto que pueden ser usadas durante la menstruación, pero también como una venda para tratar una herida. Cualquier herida grande necesita ser presionada con un artículo sanitario que absorba sangre, y las toallas sanitarias son una gran opción. Almacenarlas es una buena idea por estas dos funciones, y suelo comprarlas en la tienda de dólar.

¿Pero qué sucede en caso de un desastre prolongado, o un verdadero colapso social? Con el tiempo, cualquier reserva de tampones o toallas sanitarias se agotaría, obligando a la mujer en cuestión a usar el antiguo método de los trapos, debiendo asegurarse de limpiar y secar los trapos para poder reusarlos.

Existe otra solución, y es un invento reciente: la "copa menstrual." No entraré en detalles, pero básicamente es un tampón plástico, reusable que puede ser limpiado. Según las mujeres que la utilizan, aunque requiere algo de práctica para acostumbrase, ha mejorado sus vidas. Algunas mujeres están tan satisfechas con sus copas menstruales que lo consideran un secreto en común.

Usualmente están hechas de plástico hipoalergénico libre de BPA, dioxina y látex. Las copas menstruales duran años, y vienen en dos tamaños diferentes, dependiendo de si la mujer que la usa ha dado a luz o no. Así que cuando las almacenes, sería una buena idea comprar ambos tamaños.

La mala noticia: no son baratas. Acabo de buscarlas en Amazon, y cuestan $30 por dos unidades. Imagino que almacenar varias puede costar mucho dinero.

Pero este puede ser un artículo muy valioso para un grupo prepper. Las mujeres no tendrían que utilizar los trapos durante esa época del mes, y podrían realizar más labores para el grupo.

Pimienta Cayena

Una de las mejores especias para almacenar es la pimienta cayena. Es un condimento importante y muy barato. Puedes encontrar frascos pequeños de pimienta cayena en las tiendas de dólar.

La pimienta cayena mejorar la circulación, y se ha demostrado que mezclada con agua caliente, ayuda durante los infartos. (De hecho, la aspirina también es útil en caso de un infarto.)

La pimienta cayena también es buena para las heridas. Toma un puñado de pimienta cayena y aplícala directamente a la cortada o herida. No sólo detendrá rápidamente el flujo de sangre, sino que además desinfectará la herida. La pimienta cayena tiene propiedades antimicóticas y antibacterianas.

Para heridas más grandes, hemorragias nasales, o sangrados internos como úlceras estomacales, el paciente debe tomar una cucharadita de pimienta cayena mezclada con un vaso de agua tibia. Supuestamente, ¡detiene el sangrado en menos de un minuto! La pimienta cayena iguala la presión sanguínea en ambos lados de la herida, causando que se forme un coágulo rápidamente.

La pimiento cayena también es una especia deliciosa –excelente para la comida. Recientemente, en nuestra casa comenzamos a añadir pimienta cayena a los huevos del desayuno. Les da un buen sabor picante. He escuchado de personas que llevan su propio frasco de pimienta cayena cuando van a comer a un restaurante mexicano. Si les parece que a la comida le falta picante, le añaden pimienta cayena.

Como escribí anteriormente, la pimienta cayena está disponible en las tiendas de dólar, pero tampoco es cara en otros sitios.

Otra ventaja de la pimienta cayena, y de todos los tipos de pimienta en general, es que puedes cultivarla en tu jardín y hay pocas probabilidades de que un conejo o venado se la coma. La planta es muy picante para ellos. Preferirán comer tus papas o tomates-

Recetas de Electrolitos

Mi pastor me contó que pasó una semana en una misión en Camboya, sudando profusamente y bebiendo agua antes de regresar a casa. La noche después de regresar, su esposa lo escuchó diciendo incoherencias, y luego se desmayó. Cuando se despertó estaba en el hospital, donde le informaron que a pesar de que su cuerpo estaba hidratado por toda el agua que había bebido durante el viaje, había perdido electrolitos. En el hospital, le administraron muchas bebidas de reemplazo de electrolitos, parecidas al Gatorade pero mucho más intensas. Eventualmente se recuperó, y hoy en día es un gran promotor de tomar Gatorade y bebidas parecidas cuando se trabaja en el sol.

Esta historia se parece a la historia del origen del Gatorade en la década de los 60. En ese entonces, un entrenador auxiliar y un médico, ambos empleados por el departamento de deportes de la Universidad de Florida, se dieron cuenta de que los atletas del equipo de fútbol americano de los Florida Gators se sentían débiles, "marchitados", como ellos decían, y en algunos casos se desmayaban durante los entrenamientos bajo el sol intenso de Florida. Después de hacer una tormenta de ideas, idearon una bebida con base de agua y agregaron sodio, potasio y carbohidratos – los minerales que pierde el cuerpo a través del sudor, conocidos como "electrolitos," los cuales regulan las funciones musculares y nerviosas del cuerpo, mantienen la presión arterial y el pH, y ayudan a recuperar el daño en los tejidos. El resultado fue la versión inicial del Gatorade. En los años siguientes, el equipo de fútbol americano de los Florida Gators aumentó su record de victorias, y se empezó a regar la voz. Eventualmente, la mayor parte de los equipos deportivos integraron el Gatorade a sus prácticas.

¡El concepto de que el agua no era suficiente para reponer las pérdidas del cuerpo tras sudar mucho era innovador! El Gatorade, y su competidor principal, Powerade, son buenos, pero he encontrado que prefiero una bebida llamada Sqwincher. El Sqwincher tiene como prioridad ser libre de azúcar, lo cual no es muy importante para mí, pero sigue siendo un beneficio. Está de moda desdeñar todas estas bebidas, pero logran el objetivo de reponer lo que suda el cuerpo después de exponerse al calor o hacer esfuerzo físico.

El Gatorade o Powerade pueden comprarse listos para beber. Tanto el Gatorade como el Sqwincher también se venden en polvo, el cual puedes verter en una botella de agua, agitarla un par de veces, y beberla. Vienen en diferentes sabores. Mi favorito es el sabor de limonada del Sqwincher.

Pero, ¿qué debe hacer un prepper? Especialmente un prepper que intenta economizar sus gastos al momento de almacenar sus preparaciones. Estos polvos son bastante caros.

La respuesta son las bebidas de electrolitos caseras. Puedes almacenar los ingredientes para hacer bebidas con electrolitos, y durarán más que el Gatorade o Sqwincher en polvo. Y, ¿quién sabe? Esta pudiera ser una de esas preparaciones que necesitarán miles de personas en una situación de SHTF, quienes nunca anticiparon que esto sucedería.

La idea básica es comenzar con un poco de agua y agregarle algo de zumo de frutas, mientras más fresco, mejor. Incluso funciona una bebida de frutas diluida. Después, agregaremos sal, potasio, y algo de bicarbonato de sodio. La mejor fuente de potasio que he encontrado es "No-Salt," un substituto de la sal, o Substituto de Sal Morton *(Morton Salt Substitute)*. (En mi opinión, todos estos substitutos de sal fueron creados para hacernos apreciar el sabor de la sal verdadera.) Las bananas también son una buena fuente de potasio.

Aunque he encontrado algunas recetas exactas para estas bebidas, la forma más fácil de prepararlas es agregar una "pizca" de sal, potasio y bicarbonato de sodio a una bebida de frutas. También es importante agregar algo de zumo.

En las recetas que he encontrado, la miel parece ser un buen ingrediente adicional, y el agua de coco ha sido aclamada por todos los que han estudiado seriamente los electrolitos. Dudé un poco antes de incluir esto en el libro porque puede tratarse de una situación inusual: pero si alguna vez estás en una situación donde tengas acceso a algunos cocos, intenta obtener algo de agua de coco. El agua de coco es la mejor forma natural de reponer electrolitos. Incluso la han llamado "el Gatorade de la naturaleza." Incluso un chorrito de agua de coco en tu bebida de electrolitos la mejorará inmensamente.

Estas son algunas de las recetas de bebidas de electrolitos que he encontrado:

4 tazas de agua fresco
1/4 de taza de zumo de lima recién exprimido
1/4 de taza de zumo de limón recién exprimido
(O substituya con ½ taza de zumo de naranja)
1/8 cucharadita de sal
2 cucharadas de miel o azúcar

½ galón de agua
½ cucharadita de bicarbonato de sodio
2 cucharadas de néctar de agave
½ cucharada de sal marina

1 cuarto de agua
2 cucharadas de azúcar
½ cucharadita de bicarbonato de sodio
½ cucharadita de sal
¼ cucharadita de substituto de sal

2 cuartos de agua

1 paquete de Kool-Aid sin azúcar, de cualquier sabor
1/2 taza de azúcar
1/2 cucharadita de sal
1/2 taza de zumo de naranja

Estos son algunos de los ingredientes que puedes usar para preparar una bebida de electrolitos. Comienza con agua, agrega zumo de frutas, bicarbonato de sodio, potasio (substituto de sal), sal y miel. Puedes comer una banana después.

Cloro/Cloro de Choque

El cloro tiene muchos usos. Tres de sus usos principales son; desinfectar agua, desinfectar superficies, y matar virus. (Aunque hervir agua durante un minuto o más, o filtrarla, son los mejores métodos para desinfectarla.)

Los usos antivirales del cloro aparecieron en las noticias recientemente. El brote de ébola de 2014 prácticamente ha desaparecido de los titulares, pero si recuerdas ese periodo, la idiotez y la corrección política de los oficiales el gobierno eran desesperantes. Era raro obtener una respuesta directa sobre la forma de transmisión del ébola. Y mientras que otros países no tuvieron problemas para cerrar sus fronteras a personas provenientes de países afectados por el ébola, las fronteras de los Estados Unidos permanecieron abiertas a las personas de países del oeste de África. Y, por supuesto, esto fue lo que sucedió en algunas ocasiones. Si lo analizas, es increíble que el brote de ébola de 2014 no se haya convertido en una verdadera pandemia. Hubiese podido ser terrible.

Mientras los mismos idiotas sigan encargados de mantenernos a salvo del ébola, el –incluso peor- virus Marburg, o cualquier cosa que pueda afectarnos, los preppers tenemos que mantener algo de cloro o ingredientes para prepararlo a la mano para matar cualquier virus que se avecine.

Desafortunadamente, el cloro tiene una vida media bastante corta. Comienza a degradarse después de seis meses, y a los cinco años es poco más que agua salada. Después de cinco años, no te recomendaría beberlo, pero ciertamente ya no sirve como cloro.

Peor aún, los fabricantes del cloro planifican su deterioro. Saben que el cloro tardará unos seis meses en llegar de la fábrica a la tienda, y que lo comprarás inmediatamente. Si alguna vez gas comprado cloro que ha estado en la tienda durante meses, ¡es posible que se haya degradado incluso antes de llegar a tu casa!

Aquí es donde entra el cloro de choque o granulado. Puedes comprar y almacenar choque de cloro para mezclarlo con agua y producir cloro. ¡En serio! Puedes almacenar los ingredientes para fabricar tu propio cloro casero. Y la vida media del cloro de choque es de al menos diez años.

Primero, algunas precauciones. El cloro de choque es muy intenso. Deberías tener mucho cuidado al manejarlo. Lee y toma en serio las instrucciones de manejo y almacenamiento que aparecen en el contenedor, las cuales pueden ser bastante atemorizantes. No inhales el cloro de choque, y asegúrate de usar lentes cuando lo prepares. También es una buena idea usar guantes. Y cuando mezcles cloro de choque, hazlo en un área abierta, preferiblemente con brisa. El choque de cloro debe ser almacenado lejos de la luz solar, y en un sitio ventilado, fresco, y seco. El cloro de choque es muy corrosivo, así que debe estar bien diluido antes de entrar en contacto con cualquier superficie.

Nunca agregues agua al cloro de choque –sólo agrega pequeñas cantidades de cloro de choque al agua. Cada vez que abras el contenedor, asegúrate de que apunte lejos de tu cara. Esto también aplica al cloro.

Y, así sea cloro de choque o cloro, no lo mezcles con sustancias como vinagre, amonio, desinfectantes o productos para tratar agua. Esto pudiera crear gases tóxicos, y la mezcla pudiera explotar. Sólo se debe mezclar el cloro de choque con agua.

También es importante asegurarte de que cualquier botella de spray o chorro que vayas a usar estén vacías y limpias antes de introducir el cloro. Si la botella tiene alguna sustancia que reaccione con el cloro, pudiera crear gases tóxicos y explotar.

He encontrado cloro de choque en oferta en ferreterías, tiendas de suministros para piscinas, y en Amazon. Asegúrate de que el polvo contenga al menos 60% de hipoclorito de calcio, no la variedad de "sodio" del cloro de choque. Los demás componentes suelen aparecer bajo "otros ingredientes," lo que facilita las cosas. Además, asegúrate de comprar cloro de choque que no contenga fungicidas ni alguicidas.

Una vez que tengas tu cloro de choque, puedes preparar cloro normal, como el que venden en las tiendas, mezclando dos cucharadas de cloro de choque con 3 tazas de agua. Después de mezclarlo, espera un par de horas para permitir que los ingredientes inertes se asienten. Luego, separa el líquido verde claro del polvo que se asienta en el fondo. El líquido verde es el cloro. El polvo que se asienta en el fondo debe ser descartado lejos de cualquier alimento o animal, puesto que es muy peligroso.

Por supuesto, ahora que has preparado cloro regular, aplican las mismas normas de vida media. Este cloro, igual que el comercial, se degrada rápidamente.

El cloro diluido con agua es el mejor desinfectante. La mejor proporción es de 10% de cloro con 90% de agua, así que debes diluirlo de nuevo.

Para desinfectar agua potable, añade ocho gotas de cloro a cada galón de agua y mantenla sellada. Esto la mantendrá desinfectada durante un año. Es una regla fácil de recordar: cada galón de agua pesa ocho libras (3,6 kg), y debes añadir ocho gotas de cloro para desinfectarlo. Algo así como una "Regla de Ocho."

Reemplazos para el Retrete

"¡Tenemos un lava-traseros en nuestra habitación de hotel!" anuncié orgullosamente en una carta a casa durante mi primer viaje a Europa. Y era cierto, teníamos un, eh, limpiador para las posaderas en nuestra habitación de hotel. ¡En todos los sitios que visitamos! Pensarías que todos tiene posaderas muy limpias en Europa.

Probablemente, la principal ventaja de utilizar un bidet es que no tienes que usar papel higiénico. Y en una situación de SHTF o un desastre, el papel higiénico será escaso o inexistente. Incluso las personas que acumulen paletas llenas de papel higiénico se quedarán sin reservas si el desastre es lo suficientemente prolongado.

Pero existe una solución. Los bidets viajeros cuestan entre $10 y $15 en Amazon. Los he utilizado, y aunque no entraré en detalles, es un poco asqueroso, pero funciona bien. Es importante usar agua tibia, y permitir que se seque después de utilizarlo.

Imagino también que en un desastre, las hemorroides serán comunes, y el bidet es una forma suave de limpiarte. Sería excelente almacenar unos cuantos, porque en una situación de SHTF prolongada, muy pocas personas tendrán papel higiénico o algo que se le asemeje. Seguramente podrías intercambiar un bidet viajero por algo realmente costoso.

Debo admitir que espero nunca utilizar el próximo substituto del papel higiénico: libros viejos de Páginas Amarillas. Las páginas de esos libros están hechas de papel muy delgado, y en medio de un desastre o una situación de SHTF, podrías arrancar las páginas, arrugarlas un poco para hacerlas más suaves, y utilizarlas como papel higiénico. Esta idea puede ser aconsejable sólo para los supervivientes más rudos, puesto que suena algo áspera. Pero es mejor que nada, y los libros de Páginas Amarillas son gratuitos. En lugar de botar tus viejas Páginas Amarillas a la basura, puedes guardarlas.

Cualquier padre es familiar con el concepto de lavar pañales. Bueno, existe un enfoque prepper que involucra una idea similar: toallas de baño. Son baratas (Amazon vende 10 por $5) y pueden ser utilizadas para substituir al papel higiénico. Deben ser lavadas y secadas, lo que es bastante asqueroso, pero son reusables. Algo así como los pañales. Sugiero una regla para tu refugio: cada persona que use la toalla, la lava inmediatamente. ¡De otra forma, se acumulará la mugre!

En cuanto a retretes para alguien que no está en casa, tengo varias sugerencias.

Los retretes de compostaje son una forma de genial de no tener un retrete conectado al suministro de agua, y de igual forma desechan sus contenidos. Es posible alimentar la sección de compostaje del retrete con energía solar o baterías. SanMar y Envirolet son dos marcas de retretes de compostaje.

Sin embargo, muchas comunidades no permiten retretes de compostaje. Y no son baratos: el promedio alcanza los $2.000. También requieren trabajo para conectarlos, ventilarlos, accionarlos, y vaciarlos cuando están llenos. Definitivamente extrañarás tu retrete normal de los días pre-SHTF.

Esta es una versión económica del retrete de compostaje: cubetas de cinco galones, un cuarto de aserrín, arena para gatos, hojas secas, y algo de bicarbonato de soda para neutralizar el olor. Sujeta uno de esos flotadores de piscina llamados "fideos" al borde de la cubeta. De esta forma no será tan incómodo sentarse para hacer tus necesidades. Es tan barato que cada familia puede tener uno. Mientras más aserrín y bicarbonato de soda agregues, menor será el olor.

En lugar del fideo de piscina, puedes comprar un asiento de retrete con tapa *(Tote-able Toilet Seat and Lid)* de Emergency Essentials por $15 la unidad. La tapa mantendrá el olor bajo control.

Amazon también vende retretes independientes, con precios entre $40 y $130. Usualmente se comercializan para campistas, y tienen un borde bastante cómodo para sentarse, y un contenedor aparte para el líquido que viertes en él. Algunos vienen con un desodorante especializado. Cuando el contenedor se llena, lo vacías y comienzas de nuevo.

Una nota de precaución con respecto a las aguas residuales: una vez vi un episodio del programa Supervivencialismo: Preppers, donde alguien tenía un retrete externo, y después de tratar sus contenidos de alguna forma, los esparcieron en el jardín como fertilizante. ¡Ten cuidado! Mantener aguas residuales cerca de un jardín es peligroso. Incluso si tienes un sistema para tratarlas, las cosas pueden salir mal. Las personas puede olvidar cómo tratar sus aguas residuales adecuadamente, o incluso en lo absoluto. En mi opinión, lo mejor es enterrar las aguas residuales en una de las cubetas de cinco galones, y dejar que pase un año antes de desenterrarla para usarla como composta.

Pero deberías tomar en serio la idea de "prepararte para tus necesidades." Este es uno de los aspectos que ignoran la mayoría de los preppers.

Este es un ejemplo de mi "retrete prepper." ¿No se ve acogedor? En serio, es mejor que nada en un desastre prolongado. El costo de la unidad fue de unos $8. El "fideo" flotador puede ser removido para que no entre en contacto con los contenidos que viertas.

Jabón y Champú

No existe una razón por la cual no debas almacenar jabón y champú. Walmart vende barras de jabón Ivory a $3 por 10 barras, ¡eso significa que el costo de cada barra es de apenas 30 centavos! Walmart, además, vende champú Suave por menos de un dólar cada botella.

Lavar tus manos y tu cabello no sólo se trata de higiene; también de mantener el ánimo. Las pocas veces en mi vida que he pasado períodos prolongados sin bañarme, me he sentido bastante sucio y de mal humor. Y, como noté en la introducción de este libro, el ánimo es un factor importante que afecta cuánto tiempo podrás sobrevivir sin agua, comida, refugio, etc. Así que mantenerte limpio podría permitirte sobrevivir mejor en medio de un desastre prolongado.

Y dado que el jabón y el champú están hechos para uso externo, su vida media debe ser bastante larga. Así que sería una buena –y barata- idea llenar varias cubetas de 5 galones con champú y jabón Ivory. Si ocurre un desastre que requiera que vivas en un refugio, o posiblemente a la intemperie, poder limpiarte y no oler mal hará una gran diferencia. Si alguien en tu área nota lo limpio que estás, querrán intercambiar algo contigo para conseguir su propio jabón y champú.

Cenizas de Chimenea

Hay una historia genial sobre dos prisioneros de guerra estadounidenses, capturados por los japoneses durante la II Guerra Mundial. Varios de los prisioneros tenían diarrea y sus captores japoneses no les brindaron medicamentos. Un oficial estadounidense ingenioso mezcló agua con cenizas de la chimenea y se la dio a los prisioneros enfermos, ¡y se curaron! ¡La diarrea desapareció!

Esto tiene sentido, puesto que hoy en día puedes comprar píldoras de carbón que te ayudarán con tus problemas estomacales.

Además de mezclarla con agua para curar la diarrea, la ceniza de chimenea tiene muchos usos.

La ceniza de chimenea puede ser utilizada en heridas, para matar bacterias y que curen más rápido.

Puede ser añadida a la tierra para ayudar a los cultivos. Al añadirla a la tierra, le inyecta nutrientes –excepto nitrógeno-. Ayuda a aumentar el nivel del pH en el suelo, lo que ayuda a las plantas a crecer. Las plantas que necesitan calcio, como los tomates, aguacates, frijoles, guisantes, y espinaca, se beneficiarán de tener cenizas en el suelo.

Añadimos cenizas de chimenea a nuestro gallinero, y nuestras gallinas se bañan en ellas. La ceniza mata a los ácaros e insectos que se alimentan de las gallinas.

Los insectos no soportan las cenizas de chimenea. Verter las cenizas en el jardín no sólo beneficia al suelo, sino que también se deshace de los parásitos como caracoles y babosas. Puedes tirar algo de ceniza sobre un hormiguero, y las hormigas se irán.

También es bueno esparcir cenizas en las esquinas de tu casa y sótano, porque repele a ratones, ratas y cucarachas. En el closet, la ceniza repele a las polillas.

Las cenizas de chimenea, mezcladas con vinagre, aleja a las garrapatas, piojos, y pulgas de los animales.

Visión Nocturna

Esta probablemente sea la categoría menos económica en el libro, y por eso está casi al final. Pero cualquier cosa que te proporcione visión nocturna es muy valiosa. En lenguaje militar, un dispositivo de visión nocturna es un "multiplicador de fuerza." Tener algo así es equivalente a ser la única persona con visión en un área llena de ciegos. Es extremadamente valioso y te proporciona una ventaja casi injusta sobre lo que se pueda encontrar en la oscuridad.

Lo más barato que pude encontrar fueron $400, pero estas cosas suelen costar hasta $3.500. Es posible conseguir uno en una mira de rifle, pero es incómodo caminar con ella durante la noche. Los más útiles que he encontrado son los monoculares.

El PVS 14 parece ser el modelo más nuevo, y cuesta $2.900. Es un gasto tan grande que ninguna descripción corta le hará justicia. Debes estudiarlo y conocer las ventajas y características de este equipo de visión nocturna. El PVS 14 funciona con una batería AA, es a prueba de agua, y puede ser sujetado a un casco o rifle, o sencillamente usado como monocular.

Pero la visión nocturna es extremadamente valiosa. Me he dado cuenta que la noche es el momento en que la mayoría de los depredadores salen a cazar su comida. Encuentran y matan algo durante la noche, y durante el día se comen a su presa y duermen. Así que puedes protegerte a ti mismo y a tu ganado con algo de tecnología de visión nocturna.

Y a pesar de que cazar con equipos de visión nocturna es ilegal actualmente, probablemente sea una buena forma de alimentar a tu familia en una situación donde la ley ya no exista.

También me han contado personas en el ejército que la visión nocturna es una ventaja enorme a la hora de movilizarte. Si estás intentando llegar de un punto a otro durante la noche, puedes usar equipos de visión nocturna para localizar hogueras y linternas en la distancia, mientras que con tus ojos sólo verías oscuridad. Los soldados en Irak incluso han conducido sus Humvees en la noche con las luces apagadas, contando sólo con sus equipos de visión nocturna para ver el camino.

Así que, aunque no son artículos preppers baratos que debas almacenar, quería mencionarlos brevemente en este libro, puesto que representarán una ventaja enorme para cualquier persona en una situación de SHTF.

Cosas que se Regeneran

Hasta ahora, casi todas las cosas que hemos discutido se utilizan una sola vez. Mantienes una reserva de algo, la usas una vez o la intercambias, y ya no está. Quiero dedicar algo de tiempo a las cosas te ayudarán en una situación de SHTF, y no se acabarán. Las usas, y luego puedes usarlas de nuevo. En teoría, el suministro nunca se acaba. Las llamo "cosas que se regenera."

Electricidad Independiente

La electricidad sirve para muchas cosas, como calentar o enfriar tus alrededores, iluminar durante la noche, cocinar tus comidas, congelar alimentos para preservarlos, entre otras. De ser posible, deberías aprovechar la energía que proviene del sol, las corrientes de agua o viento, o una combinación de las tres.

Los sistemas independientes son modulares, lo que significa que puedes añadir o substraer fuentes de energía entrante. Y la electricidad independiente requerirá algunos equipos, además de los paneles solares, turbinas eólicas o ruedas hidráulicas que uses para recolectar esa energía. Necesitarás un banco de baterías conectadas, y un controlador de carga entre la fuente de energía y las baterías. El controlador evitará que las baterías se sobrecarguen.

Un sistema así también necesitará un convertidor, el cual es un equipo que cambiar la electricidad DC que está acumulada en tus baterías a electricidad AC que puede ser usada en tu casa. Prácticamente todos los artículos en una casa promedio utilizan electricidad AC.

También es una buena idea tener un generador que se encienda y cargue tus baterías cuando tengan poca carga. Los generadores de reserva funcionan con gasolina, gas natural, propano, o diesel. Mantener las baterías con cargas similares o iguales también hará que duren más tiempo.

Pero existe una consideración muy importante con respecto a los generadores: la ubicación de tu generador debe ser segura. Si está dentro de un garaje u otra estructura donde puedas entrar, podrías morir por intoxicación con monóxido de carbono. El monóxido de carbono no tiene olor, y si entra en tu casa, no lo sabrás hasta que sea demasiado tarde. Por esta razón, la mayoría de los dueños de sistemas de electricidad independiente mantienen sus generadores fuera de casa, lejos de cualquier estructura.

Considerando todos los equipos necesarios para generar la electricidad de tu hogar, puedes ensamblar el sistema tú mismo, o puedes contratar a una compañía. Existen muchas compañías que realizan este trabajo, e incluso pueden ayudarte a construir una nueva casa que no esté conectada al sistema eléctrico. Los presupuestos que he conseguido para una casa pequeña, con todo incluido, comienzan aproximadamente con $30.000. Aunque esta es una cantidad importante, ten en cuenta que te librarás de las fallas que pueda presentar la red, con el consecuente aumento de precio para todos los que estén conectados a ella. Y tu factura de electricidad estará en cero.

¿Cuánto duran estos equipos antes de dañarse y necesitar repuestos o reemplazos? En mi experiencia comprándolos, puedo decir que diez años es el plazo máximo que durará un sistema antes de necesitar que repares o reemplaces partes.

Semillas y Jardinería

Por supuesto, en lugar de vivir de la comida que has comprado para almacenar, o intercambiar por otros alimentos, puedes cultivar tu propia comida. Esto requiere mucho terreno, buena tierra, semillas, y agua constante. Idealmente, poseerás una propiedad con colinas donde puedas recolectar y almacenar agua en una zona más elevada, e irrigar tus jardines utilizando la gravedad. Cualquier jardín corre el riesgo de ser visto por personas externas a tu propiedad, o animales que preferirían comerse tus cultivos a dejar que tú los comas. Así que tendrás que proteger tu jardín.

Esto también aplica a los animales que pueden cavar túneles para llegar a tus plantas. Es por esta razón que, en cada lecho que construí, después de excavarlo, lo cubro con malla de alambre antes de construir las paredes del lecho y llenarlo de tierra.

Cada vez que se cultiva un vegetal para consumirlo, es una buena idea recolectar y secar las semillas de la planta, para que puedan ser usadas el año siguiente. Con el tiempo, los paquetes de semillas pudieran convertirse en un artículo de intercambio. Algo así como una nueva forma de moneda.

Conejos

Los conejos son una buena fuente de proteína, muy nutritivos, y como con casi todos los tipos de carne, saben a pollo. Son robustos y se reproducen, bueno, como conejos. Es posible comenzar con un pequeño grupo de conejos y mantenerlos bien alimentados, para que se multipliquen en poco tiempo. Sería un gran proyecto para cualquier prepper. La carne que no consumas puede ser intercambiada.

Gallinas

Las gallinas producen huevos y carne y requieren poco cuidado además de darles agua y comida Las gallinas deben crecer unos años antes de producir huevos, los cuales son una excelente fuente de proteínas. Después de eso, sólo son útiles para producir carne. Los gallos son muy ruidosos y a veces son crueles con las gallinas. Pero son necesarios para regenerar al grupo, y lo protegerán si algún depredador entra al gallinero.

Otro beneficio de tener gallinas son sus excrementos, que son altos en nitrógeno. El excremento de gallina se vende en tiendas de jardinería, pero si tienes tus propias gallinas podrás recolectar un poco. Es extremadamente oloroso, y si es reciente, puede quemar las plantas. Es mejor hacer composta durante al menos seis meses antes de esparcirla en el jardín. Y mientras el excremento se descompone, deberías revolverlo al menos una vez a la semana. Pero una vez que la composta está lista, es un fertilizante excelente.

Sistemas Acuapónicos

Estos sistemas parecen interesantes. La idea es tener un grupo de peces llamados tilapias, contenidos en un acuario. Sus excrementos se filtran del agua mediante un filtro alimentado por energía solar, y el excremento se usa para fertilizar plantas. Una de esas plantas es la lenteja de agua, la cual puede ser consumida por humanos, pero también por los peces. ¡Un sistema que se regenera solo!

Se utilizan tilapias para estos sistemas porque son peces duraderos que se mantienen sanos y no sufren de las enfermedades que suelen afectar a los peces. Además, se reproducen con frecuencia, ¡y son bastante sabrosos!

Epílogo

Entonces, ¿dónde quedamos? Espero que este libro te haya ayudado a establecer algunas prioridades a la hora de comprar lo que necesites para prepararte. Todos tenemos una cantidad de dinero finita para nuestras preparaciones, y una cantidad de tiempo limitada para prepararnos. Idealmente, tendríamos nuestro propio Walmart en tierra sin labrar y sobreviviríamos a cualquier desastre, sin importar su duración. Pero como no lo tenemos, es importante priorizar lo que podemos almacenar, y lo que gastamos en nuestras preparaciones. Además, sabemos que algunos de los artículos que almacenemos serán muy importantes en medio de un colapso social.

También es importante mantener buenos hábitos prepper. El agua siendo el artículo más importante, debe ser almacenada, y debemos comprar más filtros de los que creemos necesarios. Además de eso, sé un prepper oportunista. Cada vez que estés en una ferretería, busca ofertas en palas, hachas, herramientas manuales, y cubetas de cinco galones. Cada vez que vayas a Walmart, compra algo de sal, jabón, crema para el pie de atleta y la tiña inguinal. Cuando estés en un supermercado, compra una botella de gaseosa de 2 litros para la familia, y algunas bolsas de frijoles. De esta forma, después de que tu familia se tome la gaseosa, puedes limpiar y secar la botella, y llenarla con frijoles. Además, compra una botella extra de agua, incluso si tu garaje está lleno de agua embotellada.

Cuando vayas del trabajo a tu casa, pasa por las tiendas del Ejército de Salvación o beneficencias, o ventas de garaje. Como escribí anteriormente en este libro, la ropa en estos lugares, especialmente los abrigos, podrían salvarte la vida –o la de otra persona- algún día. Usa juegos de mesa y novelas para mantener el ánimo en tu grupo de preppers.

Busca artículos prepper en eBay. Recuerda buscar bolsas de dormir, cobijas y abrigos usados. Además, busca subastas de cuchillos y navajas que la gente haya intentado introducir en aviones y fueron confiscadas. Puedes comprarlas a precios muy económicos, buscando "TSA" en eBay.

Repite todas estas compras. Los artículos descritos en este libro están hechos para ser recolectados para que cuando los necesites, puedas intercambiar el excedente por cosas que no tengas.

Asegúrate además de mantener una educación prepper. Por supuesto, comprar y leer este libro es un gran comienzo, pero también debes comprar otros libros, escuchar podcasts preppers, y ver algunas películas, programas de televisión y videos de YouTube para conseguir información útil. Estas son algunas de mis notas sobre la educación prepper:

En mi opinión, la educación prepper debe comenzar con un autor. La mención de su nombre entre los preppers me recuerda a la escena de la película *Blazing Saddles*, en la cual se resuelve un conflicto con la frase "¡Lo harías por Randolph Scott!" Inmediatamente, todos los que lo escuchan detienen sus labores y presentan sus respetos improvisadamente al actor Randolph Scott. Se quitan los sombreros. Muestran gran reverencia.

Algo parecido sucede entre los preppers cuando se menciona el nombre James Rawles. Es el Randolph Scott de este género. Él inició todo, y lo volvió algo aceptable al público.

Debo confesar que siento la necesidad de levantarme como señal de respeto sólo por escribir el nombre James Rawles aquí. TODOS sus libros, tanto de ficción como no-ficción, comenzando con *Patriots,* y más recientemente con *Liberators* y *Tools For Survival* son útiles para quienes anticipan un colapso social y quieren prepararse. Incluso tiene un sitio web excelente fue el inicio de todo: *Survival Blog*.

Para aquellos que son nuevos al prepping, o incluso para los preppers experimentados, el blog de Rawles *Survival Blog* o cualquiera de sus libros son un gran sitio para comenzar.

Existen otros autores en este género, ya sea ficción prepper o libros de instrucciones. Hey, yo tengo un libro de ficción prepper. Pero esta es una lista incompleta de otros autores; leo sus blogs, escucho sus podcasts, veo sus canales de YouTube, programas de televisión y películas, y te recomiendo que hagas lo mismo:

In The Rabbit Hole. ¿Los preppers están de moda? "Claro que no," pudieras pensar, "todos debemos ser como el personaje de Michael Douglas al final de la película *Falling Down*. Bueno, seamos honestos, eso casi siempre es cierto. Por lo general, los preppers somos un grupo extraño. Pero Aaron Frankel, Jason McConniel, y Jonathan Kanarek promueven una visión diferente de los preppers en sus podcasts "*In The Rabbit Hole Urban Survival*". Ubicados en Texas, su optimismo es contagioso. Y dan información muy útil.

James Price tiene un blog excelente en la página web *Death Valley Magazine*. Un contratista civil honesto que ha trabajado en muchas de las zonas de guerra del mundo, ¡Price incluso ha recibido disparos, y ha disparado de vuelta! Escribe con una dosis saludable de escepticismo y un gran sentido del humor. Te sorprendería lo agradable que es su blog. Incluso ofrece entrenamiento en armas, equipos, y "tours de aventura."

Mark Goodwin tiene un gran podcast en la página web *Prepper Recon*. He aprendido muchas habilidades e información prepper en su podcast. También tiene una serie de libros, *The Days Of Noah*. Me gusta que su blog destaca una película todos los viernes por la noche, y un sermón dominical escrito por el propio Mark. La tienda de *Prepper Recon* también vende algunos suministros preppers interesantes, como equipos de primeros auxilios, mochilas y portafusiles.

La página web *Prepper Recon* también tiene una "Esquina de los Cupones" (*Coupon Corner*), y te recomiendo que la revises. Es un tesoro de información y enlaces que te ayudarán a recopilar muchas cosas necesarias para tus preparaciones, gastando poco dinero. Esta sección de *Prepper Recon* quizás sea el secreto mejor guardado del mundo prepper.

Jack Spirko también tiene un buen podcast, *The Survivalist Podcast*. Es un podcast excelente con muchos invitados interesante, y Spirko tiene más experiencia que la mayoría de nosotros. También ofrece entrenamientos.

Bob Mayne tiene un foro y podcast en el sitio web *Today's Survival*. Mayne tiene un enfoque muy humilde respecto al prepping. Ha mencionado que crea sus podcasts de forma que puedan escucharlos familiares no-preppers y que no te traten como a un loco. Para las personas que quieran interesar a sus amigos o parejas escépticas en el prepping, el podcast de *Today's Survival* es un buen comienzo. Mayne también tiene un compañero ocasional, Joe el Mejicano.

También me han impresionado los podcasts de *The Preparedness Podcast*, dirigido por Rob Hanus. Hanus también tiene un par de libros interesantes, *The Preparedness Capability Checklist*, y *Surviving EMP*.

Kyle, de *Rational Survival Blog* tiene una serie de podcasts muy informativos. Son nuevos, pero muy prometedores. Kyle describe sus podcasts con esta frase: "¿Te estás preparando para ser pobre, o para ser próspero?" A la cual yo respondería, "Entre las dos opciones, persistiré para ser principalmente próspero con mis preparaciones."

Rick Austin de *The Preparedness Radio Network* tiene podcasts muy buenos. También tiene un libro interesante, *The Secret Garden Of Survival*, el cual da instrucciones sobre cómo cultivar un jardín que no será notado por los extraños.

Zion Prepper ha escrito varios libros buenos sobre el prepping, y su canal de YouTube está repleto de buenos consejos.

También quiero mencionar a un par de personas que no tienen su propio blog ni podcast, pero que aparecen en otros podcasts regularmente, y en ocasiones hablan en conferencias prepper. El Enfermero Pete (*Nurse Pete* o Pete Anderson) es una fuente excelente de remedios y medicamentos caseros. El Enfermero Pete tiene mucha información valiosa, que va desde el aloe vera a la pimienta cayena, a utilizar la crema para hemorroides *Preparation H* de formas inesperadas, y buenos consejos sobre los antibióticos de peces. Supuestamente, las clases de suturas del Enfermero Pete siempre se agotan en las conferencias prepper.

Además, Geoffrey Lawton es un visitante regular en los programas y podcasts prepper, donde habla de su especialidad, la "permacultura." Geoffrey es el referente máximo en el campo de la permacultura, la cual es un método para aprovechar al máximo el suelo y el ganado, de forma que se maximice su producción. También tiene buenas ideas sobre cómo irrigar áreas que parecen una causa perdida. Recientemente estrenó su propia página web, GeoffLawton.com

Sea quien sea el creador de los videos de YouTube de *Analytical Survival* hace un gran trabajo, pero mantiene una identidad secreta. Sea quien sea, es una dicotomía. Según un video introductorio, el creador es un antiguo Boina Verde quien tiene un PhD en Literatura de la Universidad de Berkeley. Si no te enseña sobre las raciones militares y las bebidas de electrolitos, puede explicarte el significado de *Crimen y Castigo* en la literatura occidental.

Southern Prepper tiene un gran canal de YouTube, y es el co-autor, junto a Mark Goodwin, del libro *Retreat Security and Small Unit Tactics*. Southern Prepper también es un asesor del programa Supervivencialismo: Preppers.

Prepared Housewives es un blog genial con buenos consejos sobre toda clase de asuntos preppers, no sólo para amas de casa. Mis favoritos son sus consejos sobre almacenar, enlatar, y preservar comida.

También me gustan los videos de YouTube de Bexar Prepper. Son muy informativos, e incluye muchos consejos útiles sobre el enlatado de alimentos.

El Dr. Bones y la Enfermera Amy tiene un excelente sitio web, lleno de consejos sobre "medicina de supervivencia" y prepping, que se encuentra en doomandbloom.net. Ocasionalmente realizan un podcast.

Scott Hunt escribió recientemente un libro genial sobre prepping, *The Practical Preppers Complete Guide to Disaster Preparedness*, el cual podría convertirse en el estándar a seguir en todos los asuntos prepper. Es un libro con explicaciones clara y fotos que describen los proyectos prepper. Hunt también tiene un canal de YouTube, el cual puedes encontrar buscando "Engineer 775." Cualquier persona que pueda armar una camioneta que sea alimentada con leña es digna de atención. Anteriormente, era un asesor del programa Supervivencialismo: Preppers.

Otros canales de YouTube que valen la pena: *Maine Prepper, Sensible Prepper, 7 Trumpets Prepper, The Patriot Nurse, The Lord Humungus, Prepper Nurse, Healthy Prepper, The Buckeye Prepper, Zion Prepper,* y *The Urban Prepper.*

También debería mencionar el juego de cartas *Conflicted:* parece un buen tema de discusión con la familia. Pero es algo costoso: $18 en Amazon.

Y hablando de juegos, echa un vistazo a *Doom and Bloom Survival Board Game,* el cual es bastante costoso -$40 en Amazon-, y *The Worst Case Scenario Game*, el cual ya no está en producción pero puede ser adquirido en eBay.

Películas y programas de televisión: el episodio "*The Shelter,*" de la tercera temporada de *Twilight Zone, The Walking Dead,* y la película *American Blackout*. No olvides ver las películas *Panic In Year Zero, Book Of Eli, Goodbye World, The Postman, Red Dawn, Cast Away, The Road Warrior,* and *I Am Legend.*